キリトリ✂

解答用紙　　英語－1

JN090876

/100点

1

A	1		2		3	
B	1		2		3	
C	①		②		③	
	④	He (　　) (　　) (　　) (　　) (　　).				

（各2点）

2

A	1		2		3	
B	①					
	②					
C	①　　②　　③					

（B各4点、他各2点）

3

1	①　　②	2	Japanese food.
3			
4			
5			

（1各2点、他各4点）

4

1	①			
	②			
2	㋐　　㋑		3	A　　B　　C
4	ⓐ			
	ⓑ			
5				

（各2点）

5

1	①			
	②			
2				
3	㋐	six years.		
	㋑	I will　　.		
4	①		②	
5				

（1各4点、他各2点）

解答用紙　　英語－２

/100点

キリトリ✂

1

A	1		2		3			
B	1		2		3			
C	①		②		③		④	

（各２点）

2

A	1		2		3		B	①　②　③
C	①		②		③		④	
	Ⓐ							
	Ⓑ							

（AとB各１点、C①～④各２点、ⒶとⒷ各３点）

3

1	①　②	
2	㋐	
	㋑	
3	Ⓐ	a good singer.
	Ⓑ	I think　the bass guitar.
4		

（１各１点、２各３点、他各４点）

4

1	①			
	②			
2				
3	ⓐ			
	ⓑ			
4		5		

（２は２点、他各３点）

5

1	①					
	②					
2	㋐		㋑		3	
4						
5	ア　イ　ウ　エ　オ					

（２と４各３点、５各１点、他各２点）

キリトリ

解答用紙　数学－1

/100 点

1	(1)	
	(2)	
	(3)	
	(4)	
	(5)	
	(6)	
	(7)	度
	(8)	cm^3
	(9)	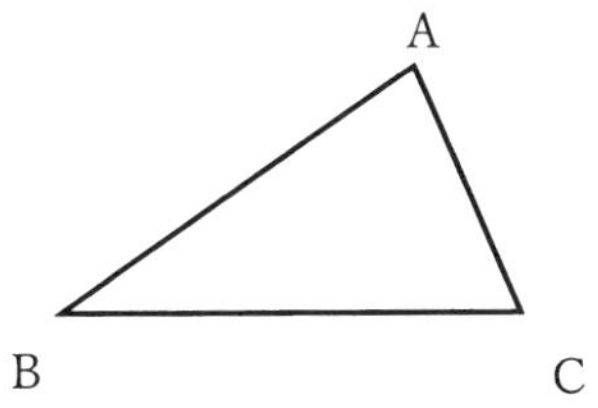

各 4 点

2	

12 点

3	(1)	
	(2)	
	(3)	

各 5 点

4	(1)	cm
	(2)	cm^3

各 5 点

5	(1)	ア	
		イ	
		ウ	
	(2)		cm

（1）は完答で 6 点，（2）は 6 点

6	(1)	cm
	(2)	cm
	(3)	cm

各 5 点

解答用紙　数学－２

/100点

キリトリ✂

1	(1)	(ア)	
		(イ)	
		(ウ)	
		(エ)	
	(2)		$x =$
	(3)		時速　　　　km
	(4)		度
	(5)		m
	(6)		下の図にかく
	(7)		度

(1) は各３点，他は各４点

2	(1)		
	(2)	①	
		②	通り

各４点

3	(1)	
	(2)	cm
	(3)	m

各４点

4	(1)	本
	(2)	

(1)4点，(2)6点

5	(1) 完答	点A（　　　，　　　）
		点B（　　　，　　　）
	(2)	
	(3)	cm^3

(1)完答で４点，他各６点

6	(1) 完答	ア	
		イ	
		ウ	
	(2)		cm^2

(1)完答で８点，(2)６点

1 (6)

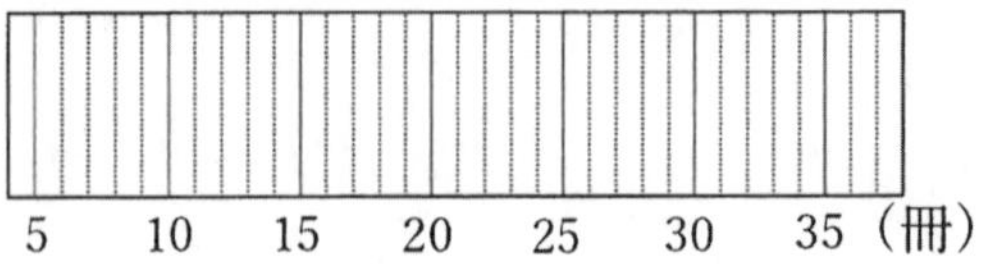

キリトリ線

解答用紙　社会－1

/100 点

1 /17 点	1	(1)		(2 点)
		(2)		(2 点)
	2			(3 点)
	3			(3 点)
	4		月　日　時	(4 点)
	5			(3 点)

2 /17 点	1		(2 点)
	2		(2 点)
	3		(2 点)
	4		(3 点)
	5		(2 点)
	6		(4 点)
	7		(2 点)

3 /17 点	1			(2 点)
	2			(3 点)
	3			(2 点)
	4			(4 点)
	5			(3 点)
	6	ⓐ		(1 点)
		ⓑ		(1 点)
		ⓒ		(1 点)

4 /16 点	1		(2 点)
	2		(3 点)
	3	,	(各 1 点)
	4		(3 点)
	5		(2 点)
	6	→　→　→	(4 点)

5 /16 点	1			(3 点)
	2	(1)		(3 点)
		(2)		(3 点)
	3			(4 点)
	4			(3 点)

6 /17 点	1		(4 点)
	2		(3 点)
	3		(4 点)
	4		(3 点)
	5		(3 点)

/100点

キリトリ線

1 /17点	1			(3点)
	2			(3点)
	3	(1)		(2点)
		(2)	X	Y
				(各1点)
	4			(3点)
	5			(4点)

2 /17点	1			(2点)
	2			(2点)
	3	工業地帯名		(2点)
		製品		(2点)
	4			(3点)
	5	(1)		(4点)
		(2)		(2点)

3 /16点	1		(2点)
	2		(3点)
	3		(3点)
	4	→　→　→	(3点)
	5		(3点)
	6		(2点)

4 /17点	1		(2点)
	2		(3点)
	3	→　→　→	(3点)
	4		(3点)
	5		(2点)
	6		(2点)
	7		(2点)

5 /16点	1			(2点)
	2			(2点)
	3			(3点)
	4			(2点)
	5	a		(2点)
		b		(2点)
	6			(3点)

6 /17点	1		(3点)
	2		(3点)
	3		(3点)
	4		(3点)
	5		(2点)
	6		(3点)

キリトリ

解答用紙　理科－1

/100点

1	1	(1)			(2点)
		(2)			(3点)
		(3)	(i) 完答	あ	
				い	
				う	
				え	(3点)
			(ii)		(2点)
/25点		(4)			(3点)
	2	(1)			(3点)
		(2)			(3点)
		(3)	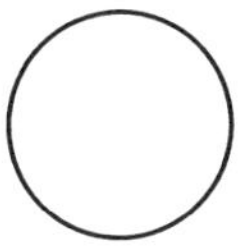		(3点)
		(4)			(3点)

2	1	(1) 完答	ア		
			イ		(3点)
		(2)		g	(3点)
		(3)			(3点)
		(4)			(3点)
/25点	2	(1)			(3点)
		(2)			(3点)
		(3)			(3点)
		(4)			(4点)

3	1	(1)			(2点)
		(2)			(3点)
		(3)	①		(3点)
			②		(3点)
/25点	2	(1)			(2点)
		(2)			(3点)
		(3)			(3点)
		(4)			(3点)
		(5)			(3点)

4	1	(1)		(3点)
		(2)		(3点)
		(3)		(3点)
/25点	2	(1)		(3点)
		(2)	Ω	(3点)
		(3)	J	(4点)
	3	(1)	cm/s	(3点)
		(2)		(3点)

解答用紙　理科－2

/100点

キリトリ

1 /22点	1	(1)			(3点)
		(2)			(3点)
		(3) 完答	う		
			え		(4点)
	2	(1)	①		(3点)
			②		(3点)
		(2)	①		(3点)
			②		(3点)

2 /27点	1	(1)			(3点)
		(2)			(3点)
		(3)			(3点)
		(4)		%	(3点)
	2	(1)			(3点)
		(2)			(3点)
		(3) 完答	X		
			Y		(3点)
		(4)			(3点)
		(5)			(3点)

3 /25点	1	(1) 完答	①			
			②			
			③			(3点)
		(2)			時　分　秒	(4点)
		(3)			秒後	(3点)
		(4)				(3点)
	2	(1) 完答	あ			
			い			(3点)
		(2)	① 完答	あ		
				い		(3点)
			②		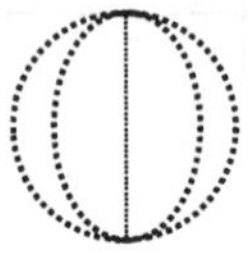	(3点)
		(3)				(3点)

4 /26点	1	(1)			(3点)
		(2)			(3点)
		(3) 完答	あ		
			い		(4点)
		(4)			(3点)
	2	(1)		J	(3点)
		(2)		W	(3点)
		(3) 完答	あ		
			い		(3点)
		(4)		cm/s	(4点)

解答用紙　国語―1

/100点

一

1	暮れる	(2点)
2	競う	(2点)
3	円滑	(2点)
4	催促	(2点)
5	ハブく	(2点)
6	ハゲしく	(2点)
7	ダハ	(2点)
8	カクサン	(2点)

二

1	(3点)
2	(3点)
3	(4点)
4	(4点)
5	(3点)
6	(4点)

三

1	(3点)
2	(3点)
3(完答) あ	
い	(4点)
4	(4点)
5	(4点) (4点)
6	(4点)

四

1	(4点)
2	(5点)
3 ③	(2点)
④	(2点)
4	(4点)
5	(3点)

五

1	(3点)
2	(3点)
3	(3点)
4	

条件作文（十二点満点）
・八行に満たない場合や文章が完結していなければ不可。
・一段落目に資料から読み取ったことが書いてあれば三点。
・二段落目に前の段落を踏まえて言葉の使い方について書いてあれば三点。
・誤字脱字、文法上の誤りがなく、原稿用紙の使い方を守って書いてあれば六点。

キリトリ✂

解答用紙　国語—2

/100点

一

1
- ㋐ 疑 っ た (2点)
- ㋑ カクシン (2点)
- ㋒ シュウショク (2点)

2 (4点)

3
- ⓐ (3点)
- ⓑ (3点)

4 (3点)

5 (3点)

6 (4点)

二

1
- ㋐ 自 ら (2点)
- ㋑ 尊重 (2点)
- ㋒ フキュウ (2点)

2
- i (3点)
- ii (4点)

3 (3点)

4 (3点)

5 (4点)

6 (5点)

三

1 (4点)

2 朝 来 入 庭 樹 (4点)

四

1 (4点)

2 (4点)

五

- (1) 弾 む (2点)
- (2) 祈念 (2点)
- (3) エンソウ (2点)
- (4) サトウ (2点)

2 (4点)

3 (4点)

六

条件作文（十四点満点）
- ・八行に満たない場合や文章が完結していなければ不可。
- ・資料から読み取ったことが書いてあれば四点。
- ・自分の考えが書いてあれば四点。
- ・誤字脱字、文法上の誤りがなく、原稿用紙の使い方を守って書いてあれば六点。

キリトリ✂

リスニング音声のご利用方法

※リスニング音声は年度末（令和７年３月末日）までご利用可能です。本商品を中古品としてご購入された場合など、配信期間の終了によりご利用頂けない場合がございますのでご注意下さい。

QR コードからお聴き頂く場合

英語の各テストの１ページ目左上に QR コードが付いています。お手元のスマホやタブレットのカメラアプリ等で読み取って頂くとリスニングページが開きます。ページ内の音声プレイヤーでテスト音声を再生して下さい。

ホームページからお聴き頂く場合

下記 URL を Google 等のブラウザに入力し、リスニングページを開いて下さい。
https://www.goukaku-dekiru.com/nyushi-rensyu13

合格できる問題集　新刊のお知らせ（2024 年 11 月発売予定）

◆ **合格できる直前編　数学・英語・国語**　定価 2200 円(本体 2000 円)

◆ **合格できる直前編　社会・理科**　定価 1650 円(本体 1500 円)

入試本番までの限られた時間を効率的に使い、１点でも多く点数をとるために、解きやすく点をとりやすい問題を集めた問題集です。

◆ **合格できる　作文・小論文編**　定価 550 円(本体 500 円)

国語の入試で配点が大きい作文・小論文問題で点数を取るためのコツをつかめる問題集です。文章を書くのが苦手な人でも短い時間で取り組めて、文章力がつくように工夫されています。

スマートフォン・タブレットで読み込んでリスニング音声が聞けます。詳しくは P.11 の「リスニング音声のご利用方法」をご覧ください。

英語－1

1　次の A、B、C の問題は、リスニングテストです。

A　これから、ナンバー1 からナンバー3 までの対話が流れます。それぞれの対話の後に、質問が続きます。それぞれの質問に対する答えとして最も適当なものを、ア～エから 1 つずつ選び、記号で書きなさい。

1　ア　It's September fourteen.　イ　It's April third.
　ウ　It's September third.　エ　It's April fourteen.

2　ア　He will go fishing.　イ　It will be rainy.
　ウ　It will be sunny.　エ　It will be cloudy.

3　ア　Because he studied for a long time.　イ　Because he practiced soccer.
　ウ　Because he didn't study last night.　エ　Because he likes soccer.

B　これから、ナンバー1 からナンバー3 までの対話が流れます。それぞれの対話の後に、チャイムが鳴ります。それぞれのチャイムのところに入る対話の応答として最も適当なものを、ア～エから 1 つずつ選び、記号で書きなさい。

1　ア　May I help you ?　イ　You're welcome.
　ウ　Yes, please.　エ　Here you are.

2　ア　Excuse me.　イ　Me, too.
　ウ　That's bad.　エ　My pleasure.

3　ア　Oh, really ?　イ　Don't worry.
　ウ　It was great.　エ　Yes, I will.

C　これから、中学生のシン(Shin)が英語の授業で、イタリアに住む友達のアンドリュー(Andrew)について話をした内容を放送します。その後に、質問が続きます。内容をよく聞いて、「クラスメートのメモ」の(①)～(③)に適当な英語をそれぞれ 1 語ずつ書き入れなさい。④の「質問に対する答え」には適当な英語を 5 語で書き、答えとなる文を完成させなさい。

「クラスメートのメモ」

- Andrew stayed at Shin's (①) for one month.
- Andrew said that *suiboku-ga* is (②) in many countries.
- Andrew said that *suiboku-ga* is very (③) from the pictures in Italy.

④「質問に対する答え」

He (　　　)(　　　)(　　　)(　　　)(　　　).

2　A　次の英文の(　　)に当てはまる最も適当な語を、ア〜エから１つずつ選び、記号で書きなさい。

1　Your smile always (　　) everyone happy.

ア takes　　イ says　　ウ makes　　エ looks

2　Your dog can run (　　) than my dog.

ア fast　　イ fastest　　ウ first　　エ faster

3　The new library was (　　) in front of the station.

ア build　　イ building　　ウ built　　エ builds

B　次は、中学生のユミ(Yumi)と留学生のナンシー(Nancy)の E メールです。ナンシーになったつもりで、下線部①、②を英語になおしなさい。

Dear Nancy,

Do you know the new movie, "Summer Vacation" ?　Why don't we see it next Saturday ?　If you can go with me, I will buy two tickets.

Yumi

Dear Yumi,

Yes, I know the movie. ①私はその映画をあなたといっしょに見たいです。 But I'm sorry.　I am busy next Saturday. ②私は私の母を手伝わなければなりません。 How about next Sunday ?

Nancy

C　次の、中学生のシン(Shin)と留学生のマイク(Mike)の対話の(①)〜(③)に入る英文を、ア〜エから選びなさい。ただし、使わない英文が１つあります。

(注) *judo*=柔道　hard=きつい、ハードな　strong=強い、じょうぶな　Japanese lesson=日本語のレッスン

Shin　: Hey Mike.　Which club do you want to join ?
Mike　: (①)
Shin　: Oh, do you want to join the *judo* club ?　I am glad. (②)
Mike　: Because *judo* is cool.
Shin　: Do you know that *judo* practice is very hard ?
Mike　: Yes, but don't worry because I am strong.　Do you practice every day ?
Shin　: No.　We practice on Mondays, Wednesdays, and Fridays.
Mike　: Oh, I can't practice on Wednesdays because I have a Japanese lesson.　Is that a problem ?
Shin　: I don't think so.　You should tell Mr. Yamashita about it. (③)
Mike　: Yes.　I will tell him about it.

ア He is a teacher of the *judo* club.　　イ Why do you want to try *judo* ?

ウ I watched a *judo* game on TV yesterday.　　エ I want to join your club.

3　次の、中学生の莉子(Riko)と留学生のアンナ(Anna)の対話を読んで、1～5の問いに答えなさい。

(注) Japanese food=和食　cook=(…を)料理する　miso soup=みそ汁　menu=メニュー　*kanji*=漢字

Riko : How about your life in Japan ?

Anna : It is wonderful. I am very happy every day.

Riko : I am glad to hear that.

Anna : I have lived in Japan [①] three months. I have learned a lot of things.

Riko : What have you learned ?

Anna : 【cook / to / learned / how / I / have】 Japanese food.

Riko : What Japanese food can you cook ?

Anna : I can cook miso soup. It's delicious.

Riko : Great. Have you ever had any problems in Japan ?

Anna : Yes. I had a problem at a restaurant yesterday.

Riko : Really ? Please tell me about it.

Anna : <u>I couldn't read the menu because many difficult *kanji* were used.</u>

Riko : What did you do ?

Anna : I asked a man of the restaurant about the menu, but he couldn't speak English.

Riko : I see. [②] the restaurant makes an English menu, you will not have such a problem.

Anna : Yes. I think such small changes help people like me.

1 [①]、[②] に当てはまる最も適当な語を、次のア～エからそれぞれ1つずつ選び、記号で書きなさい。

① ア for　イ since　ウ than　エ as

② ア To　イ So　ウ If　エ Because

2 【　　】の中の語を、正しく並びかえて書きなさい。

3 次の英語の質問に対する答えを主語と動詞をふくむ完全なかたちの英語で書きなさい。

What Japanese food can Anna cook ?

4 下線部を日本語に訳しなさい。

5 次のア～エのうち、本文の内容に合うものを1つ選び、記号で書きなさい。

ア アンナにとって日本の生活は幸せではない。

イ アンナはレストランで働いている。

ウ アンナはレストランの男性から英語でメニューの説明をうけた。

エ レストランの男性は英語を話すことができなかった。

4 次の英文は、留学生のマイク(Mike)が、英語の授業で「日本の文化と歴史を学びたい」というタイトルで発表したスピーチの原稿です。よく読んで、1～5の問いに答えなさい。

(注) pamphlet=パンフレット　guide=ガイド、案内人　take…around～=…を～に案内する、～を案内する　*katana*=刀
Kamakura period=鎌倉時代　*Edo* period=江戸時代　*byoubu*=屏風　*Muromachi* period=室町時代　*Heian* period=平安時代
lastly=最後に　knives=knife(ナイフ)の複数形　*Jomon* period=縄文時代　look forward to=…を楽しみにして待つ
study=(…を)勉強する、研究する　university=大学

One day, I asked my history teacher, Mr. Ogawa, "I want to learn about Japanese culture and history." He answered, "I know the best place for you." Then he gave me a pamphlet of a museum. It was ㋐(write) in English. He said, "I hope you will enjoy."

Next day, I visited the museum. There were some young people in front of the museum. (A) He said, "Welcome to the museum. My name is Ken. I am a volunteer guide." I said, "Nice to meet you. My name is Mike. Can you take me around the museum ?" He said, "Of course."

First, I saw a *katana*. (B) Ken asked me, "Have you ever ㋑(see) a *katana* in America ?" I answered, "No, I haven't." I asked Ken, "When was this *katana* made ?" He answered, "It was made in the *Kamakura* period. The *Kamakura* period was from 1185 to 1333." I said, "I see. It's older than the *Edo* period, right ?" He said, "That's right. You know about Japanese history well." Then I saw *byoubu* from the *Muromachi* period and pictures from the *Heian* period. Lastly, I saw knives from the *Jomon* period. (C)

After that, we had lunch at a restaurant in the museum. I said, "Thank you, Ken. I really enjoyed the museum." He said, "I'm glad. You know ? There is a very old shrine in this town. I am going to visit there next Sunday. Do you want to go with me ?" I said, "Thank you. I want to go with you."

The museum was the best place for me. I am looking forward to going to the shrine with Ken next Sunday. Now I have a dream. I want to study Japanese culture and history at university in Japan.

1 次の①、②の英語の質問に、主語と動詞を含む完全なかたちの英語で答えなさい。

① What did Mr. Ogawa give Mike ?　　② Where did Mike and Ken meet ?

2 ㋐(write)と、㋑(see)を、それぞれ適当な形の1語に直しなさい。

3 本文中の(A)～(C)に当てはまる英文をア～エからそれぞれ選び、記号で書きなさい。ただし、使わない英文が1つあります。

ア I learned that Japan has a very long history.　　イ A boy came to me with a smile.
ウ It was beautiful.　　エ He is from America.

4 次の英文は、クラスメートのシンがマイクのスピーチを聞いて書いた感想文です。シンになったつもりで、下線部ⓐ、ⓑを英語になおしなさい。

The museum is my favorite place. ⓐ<u>その博物館は日本の文化と歴史を学ぶのにいちばんよい場所です。</u> I have seen beautiful *kimonos* in the museum. ⓑ<u>それらは江戸時代に作られました。</u>

5 次のア～エのうち、本文の内容に合うものを1つ選び、記号で書きなさい。

ア ケンは博物館に写真を撮りに来ていた。　　イ マイクは江戸時代を知らなかった。
ウ マイクとケンは今度の日曜日に神社を訪れる。　　エ マイクは日本の文化と歴史をアメリカに伝えた。

5 次の英文は、中学生のユミ(Yumi)が、「花屋での職業体験」というタイトルで発表したスピーチの原稿です。よく読んで、1〜5の問いに答えなさい。

(注) job experience=職業体験　for the first time =初めて　display=…を飾《かざ》る、陳列《ちんれつ》する　remove=…を取り除く
leaves=leaf(草木の葉)の複数形　marigold=マリーゴールド　flower language=花言葉　healthy=健康的な

This September, I worked at a flower shop as a job experience. In the job experience, I met Ms. Tanaka. She is twenty-four years old. ㋐【the flower shop / for / has / she / worked / at】six years. Today, I will tell you about (A) I learned from Ms. Tanaka.

On the day of the job experience, I arrived at the flower shop at 8:45 a.m. Then I met Ms. Tanaka for the first time. She said, "Nice to meet you. I hope you will enjoy (B) with us." I said, "Nice to meet you, too. I am happy because I like flowers." She said, "I'm happy to hear that. Oh, it's already 9:00 a.m. We have no time. First, we will clean the shop. Let's start." We finished cleaning the shop at 9:30 a.m. Ms. Tanaka said, "Next, we will take these flowers outside, and display them in front of the shop." We finished it at 9:50 a.m. Finally, the shop opened at 10:00 a.m. I asked Ms. Tanaka, "What should I do next ?" She said, "I will ㋑【keep /you / how / beautiful / teach / to / flowers】." Then she taught me <u>two important things</u>. She said, "First, you must change water every day. Second, you must remove old leaves." I learned that such small efforts are important for flowers.

When I was changing water, a woman came to the shop. The woman asked Ms. Tanaka, "I want to buy flowers for my mother. She is in the hospital now. What flower should I buy for her ?" Ms. Tanaka answered, "How about marigold ? The flower language of marigold is 'Stay healthy.'" The woman said, "It is the best flower for her. Thank you." She looked very happy, and Ms. Tanaka looked very happy, too.

The shop closed at 6:00 p.m. Ms. Tanaka said, "You did a great job. How was your job experience ?" I said, "It was great. I want to work more." She said, "I am glad to hear that." I asked Ms. Tanaka, "Do you like working at this shop ?" She answered, "Yes. I really like working here because I can make people happy with flowers." I said, "I want to work to make people happy like you in the future." She said, "I'm sure you can do it." Then she smiled at me.

1 次の①、②の英語の質問に、主語と動詞を含む完全なかたちの英語で答えなさい。
① How old is Ms. Tanaka ?
② What time did Yumi and Ms. Tanaka finish cleaning the shop?

2 (A)、(B) に入る語の組み合わせとして正しいものをア〜エから1つ選び、記号で書きなさい。
ア [A if　B working]　イ [A if　B work]
ウ [A what　B working]　エ [A what　B work]

3 ㋐、㋑の【　　】の中の語を、正しく並びかえて書きなさい。

4 下線部 <u>two important things</u> はそれぞれどのようなことか。日本語で書きなさい。

5 次のア〜エのうち、本文の内容に合うものを1つ選び、記号で書きなさい。
ア ユミと田中さんは、開店前に店先に飾《かざ》っていた花を店内に運んだ。
イ 店に来た女性は田中さんの母親だった。
ウ 田中さんは店に来た女性にマリーゴールドをすすめた。
エ 田中さんは自分の花屋をもつことが夢だと言った。

スマートフォン・タブレットで読み込んでリスニング音声が聞けます。詳しくは P.11 の「リスニング音声のご利用方法」をご覧ください。

英語－2

1 次の A、B、C の問題は、リスニングテストです。

A これから、ナンバー1からナンバー3までの英語が流れます。放送を聞いて、それぞれの質問に対して、最も適当なものをア～ウから1つずつ選び、記号で書きなさい。

1

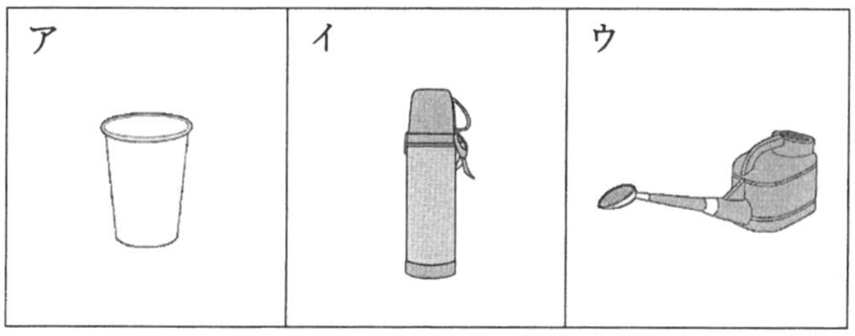

2

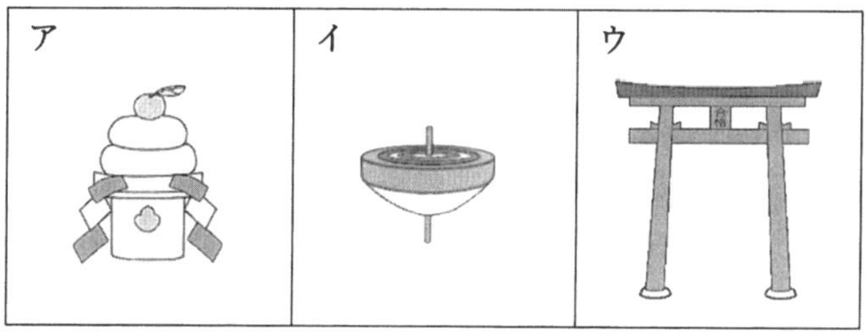

3

ア	イ	ウ
好きな季節ランキング	好きな季節ランキング	好きな季節ランキング
No1 春	No1 春	No1 秋、冬
No2 秋、冬	No2 夏	No3 夏
No4 夏	No3 秋、冬	No4 春

B これから、中学生のミカ(Mika)と、留学生のアンディ(Andy)の対話が流れます。対話の後に、質問が3つ続きます。それぞれの質問に対する答えとして最も適当なものを、ア～エから1つずつ選び、記号で書きなさい。

1 ア He likes skiing. イ He is from Japan.
ウ He is interesting. エ He is from Canada.

2 ア Yes, she does. イ No, she doesn't.
ウ Yes, she is. エ No, she isn't.

3 ア He wants to try skiing. イ He doesn't like winter.
ウ He wants to study in Japan. エ He wants to study Japanese traditional culture.

C これから、中学生のユミ(Yumi)が英語の授業で、アメリカからの留学生ブレンダ(Brenda)について話をした内容を放送します。内容をよく聞いて「クラスメートのメモ」の(①)～(④)に適当な英語をそれぞれ1語ずつ書き入れなさい。

「クラスメートのメモ」

- Yumi and Brenda always enjoy (①) in English.
- Brenda came to Japan last (②).
- Brenda's Christmas card was (③).
- Brenda's message on the Christmas card made Yumi very (④).

2 A 次の 1〜3 の対話の(　　)に当てはまる最も適当な英語を、ア〜エから 1 つずつ選び、記号で書きなさい。

1 A : (　　) bag is this ?
B : It's Nancy's.
ア When　　イ Where　　ウ Whose　　エ Why

2 A : Who is the boy (　　) the piano in the music room now ?
B : He is Tom.
ア play　　イ player　　ウ playing　　エ played

3 A : Have you already finished your homework ?
B : No. I haven't finished it (　　).
ア never　　イ not　　ウ well　　エ yet

B 次は、中学生のケン(Ken)が、英語の授業で書いた英作文です。ケンになったつもりで、(①)〜(③)に当てはまる英文を、ア〜エからそれぞれ選びなさい。ただし、使わない英文が 1 つあります。

> Last Sunday, I went shopping. (①) A woman of the store said, "May I help you ?" I answered "Yes, please. I am looking for a T-shirt." (②) She said that they are popular among young people now. I said, "I like this blue one. May I try it on ?" She said, "Sure." (③) I asked her to show me a smaller one. She said, "I'm sorry. We don't have a smaller one now." So, I didn't buy any T-shirts that day.

ア Then she showed me some T-shirts.　　イ I went to a store to buy a T-shirt.
ウ However, it was too big for me.　　エ I bought the blue one.

C 次は、中学生のケン(Ken)と留学生のマイク(Mike)の対話です。よく読んで、①〜④の(　　)に当てはまる英語を 1 語ずつ書きなさい。ただし、最初の 1 文字は与えられています。また、ケンになったつもりで、[Ⓐ]、[Ⓑ]にあなたの意見を 3 語以上の英文で書きなさい。

(注) koala＝コアラ　Australian＝オーストラリアの　lobster＝ロブスター

Ken : I visited Australia last winter.
Mike : I have never been to Australia. Please tell me about it.
Ken : Sure. I ①(s　　) a lot of interesting animals.
Mike : What animal was the ②(m　　) interesting ?
Ken : It was a koala. It was very cute. I took a lot of ③(p　　) with a koala.
Mike : How was Australian food ?
Ken : It was delicious. I ate a big lobster.
Mike : Great. I want to eat it.
Ken : Do you like traveling ?
Mike : Yes. I want to travel ④(d　　) summer vacation. Do you know a good place in Japan ?
Ken : Yes. I know a good place for you.
[　　Ⓐ　　]
Mike : Why is it so good ?
Ken : [　　Ⓑ　　]
Mike : Thank you. I will visit the place.

3 次の、中学生のシン(Shin)と留学生のジョニー(Jonny)の対話を読んで、1～4の問いに答えなさい。

（注）school festival＝学園祭　band＝楽団、バンド　drums＝ドラム　pianist＝ピアニスト　bass guitar＝ベースギター

Shin　: Jonny, you can play the guitar very well.

Jonny　: Thank you. I like playing the guitar.

Shin　: How long have you played the guitar ?

Jonny　: ㋐私はギターを4年間ひいています。

Shin　: Are you going to play the guitar at the school festival ?

Jonny　: Yes. I am going to make a band to play at the festival.

Shin　: ① Have you already found members for your band ?

Jonny　: Genki will play the drums. But I am still looking for other members.

Shin　: You should ask Yumi to join your band. ㋑彼女はじょうずにピアノをひくことができます。

Jonny　: Really ? I didn't know about it.

Shin　: Ⓐ【a good pianist / only / is / also / not / but / she】 a good singer.

Jonny　: Great. I will ask her to join us.

Shin　: I think you can make a nice band.

Jonny　: Hey, Shin. Why don't you play the bass guitar in my band ?

Shin　: Me ? I don't have a bass guitar.

Jonny　: ② You can use my bass guitar.

Shin　: I think Ⓑ【difficult / me / is / to / for / play / it】 the bass guitar.

Jonny　: I will teach you how to play it. We still have two months until the school festival.

Shin　: All right. I will try it.

Jonny　: I'm glad. Let's play with us.

1 ①、② に入れる英文として最も適当なものを、次のア～カからそれぞれ1つ選び、記号で書きなさい。

ア She is over there.　イ Sounds interesting.　ウ I'm fine, thank you.

エ You can hear it.　オ She is in the music room.　カ It's not a problem.

2 下線部㋐、㋑の日本語を英文になおしなさい。

3 Ⓐ、Ⓑの【　　】の中の語を、それぞれ正しく並びかえて書きなさい。

4 次のア～エのうち、本文の内容に合うものを1つ選び、記号で書きなさい。

ア ユミはドラムの演奏がじょうずだ。

イ ジョニーはユミをバンドに誘うのをやめた。

ウ シンはジョニーのバンドに入ることにした。

エ 学園祭は2週間後である。

4 次の英文は、中学生の元気(Genki)が、英語の授業で「私のいちばん好きなこと」というタイトルで発表したスピーチの原稿です。よく読んで、**1〜5** の問いに答えなさい。

(注) binoculars＝双眼鏡　point at＝〜を指さす　*ōruri*＝オオルリ　jewel＝宝石　bird guide＝鳥類図鑑
treasure＝宝物　*shijyūkara*＝シジュウカラ　communicate＝意思の疎通《そつう》をする　each other＝たがい(に)　own＝独自の
meaning＝意味　smart＝利口な、頭のよい　*kawasemi*＝カワセミ　clearly＝はっきりと　all over the world＝世界中を

Are you interested in birds? I like birds very much. I have been watching birds since I was a child. Today, I will tell you why I like birds.

My grandfather lives in a small village. He knows many things about birds. One day, he took me to a forest in the village. I was nine years old then. I heard that many birds were singing in the forest. I looked for the birds, but I couldn't find them. He said, "Try looking for the birds with my binoculars." (A) I started looking for the birds with his binoculars. Soon, I found a small blue bird on a tree. It was beautiful. I pointed at the bird and asked him, "［ ㋐ ］ is that small blue bird over there?" He watched the bird with his binoculars and said, "That is an *ōruri*." I felt that I found a jewel in the forest. That day, my grandfather gave me his binoculars. Also, he bought me a bird guide. When I go watching birds, I always bring them with me. (B)

I will tell you about my favorite birds. First, it's a *shijyūkara*. *Shijyūkaras* sing to communicate each other. Each song has its own meaning such as, "Be careful! A snake is coming!" A *shijyūkara* is not only cute but also smart. (C) Second, it's a *kawasemi*. A *kawasemi* is a small bird ［ ㋑ ］ near rivers. I like a *kawasemi* because it's very beautiful. I have watched many kinds of birds since I was a child, but a *kawasemi* is the most beautiful bird for me.

I clearly remember the day that I found the *ōruri* in the forest. (D) I have learned many things about birds since then. I have a dream. I want to visit many places all over the world to watch birds in the future.

1 次の①、②の英語の質問に、主語と動詞を含む完全なかたちの英語で答えなさい。

① Where did Genki and his grandfather visit?

② What is the most beautiful bird for Genki?

2 次の英文が入る最も適当な場所を(A)〜(D)から1つ選び、記号で書きなさい。

They are my treasures.

3 次の英文は、留学生のジョニー(Jonny)が元気のスピーチを聞いて書いた感想文です。ジョニーになったつもりで下線部ⓐ、ⓑを英語になおしなさい。

> Genki's speech was very interesting. After the speech, he showed us a picture of a *kawasemi*. ⓐ私はそれがとても美しかったので驚きました。 He told us that City Park is a good place to watch birds. Now I am interested in birds. ⓑ私は鳥を見るためにシティパークを訪れたいです。

4 ［ ㋐ ］、［ ㋑ ］に入る語の組み合わせとして正しいものを、ア〜カから1つ選び、記号で書きなさい。

ア (㋐ Where　㋑ live)　イ (㋐ Where　㋑ living)　ウ (㋐ Where　㋑ lived)

エ (㋐ What　㋑ live)　オ (㋐ What　㋑ living)　カ (㋐ What　㋑ lived)

5 次のア〜エのうち、本文の内容に合うものを1つ選び、記号で書きなさい。

ア 元気は祖父と森の中で歌を歌った。　イ 元気は森の中で宝石を拾った。

ウ シジュウカラは人の言葉がわかる。　エ 元気は世界中の鳥を見てみたい。

5 次の英文は、中学生のシン(Shin)が、英語の授業で「インターネットで売買するときに」というタイトルで発表したスピーチの原稿です。よく読んで、1～5の問いに答えなさい。

（注）at the same time=同時に　share=…を共有する　marketplace app＝フリマアプリ　for the first time=初めて
receive=…を受け取る　reply=…に返事をする　review=レビュー　online store=オンラインストア　product=製品
vacuum cleaner=掃除機《そうじき》　disappoint=失望《しつぼう》する　local=(ある)地方の、地元の　owner=オーナー、所有者　decision=決定

Today, everyone can sell and buy things on the internet. It is not only useful but also fun. However, we should be careful at the same time. I have learned three things from my experiences, so I will share them with you.

First, there are some bad people on marketplace apps. Three months ago, I used a marketplace app for the first time because I wanted to sell my old computer. (　A　) Soon, I received a message from a man. The message said, "I will buy your computer. I need it soon, so please send it to me tomorrow. I will pay the money by this weekend." So, I sent him the computer the next day. (　B　) However, he didn't pay the money. Since then, I have ㋐(send) many messages to him, but he has never replied to them.

Second, you should not always believe reviews at online stores. They are important to decide which product to buy. (　C　) One day, I found a vacuum cleaner at an online store. I read many good reviews about it at the online store, so I decided to buy it. However, when I used the vacuum cleaner, I was disappointed. It was not as good as the reviews said. My old vacuum cleaner was much ㋑(good) than it.

Third, you should buy more things at local stores. There was an old bookstore in my town. It was my favorite place. When I visited the bookstore, I always talked with the owner, Mr. Suzuki. He is a friend of my father, so we have known each other since I was a child. (　D　) One day, Mr. Suzuki looked very sad. I asked him, "What's wrong ?" Mr. Suzuki said, "I have decided to close my store." I was surprised to hear that. I asked him, "Why ?" He answered, "Because people always buy books on the internet. They don't come to my store to buy books." I was very sad to hear that. I want people to buy more books at bookstores.

I hope that my speech will help you make better decisions when you sell and buy things on the internet. Thank you.

1 次の①、②の英語の質問に、主語と動詞を含む完全なかたちの英語で答えなさい。

① What did Shin want to sell on the marketplace app ?　　② What did Shin read at the online store ?

2 ㋐(send)、㋑(good)をそれぞれ適当な形に変えて書きなさい。

3 次の英文が入る最も適当な場所を(　A　)～(　D　)から1つ選び、記号を書きなさい。

But they are not always true.

4 下線部の that が示すものを、日本語で説明しなさい。

5 次のア～オのうち、本文の内容と合うものには○を、そうでないものには×を書きなさい。

ア シンは3カ月前に初めてフリマアプリを使った。

イ シンは悪い人はフリマアプリを使うことができないと学んだ。

ウ シンはオンラインストアで買った掃除機《そうじき》をとても気に入っている。

エ シンと鈴木さんはシンが子供のときからおたがいを知っている。

オ シンの父は書店を営んでいた。

数学－1

※注意１　答えに根号が含まれるときは，根号の中は最も小さい自然数にしなさい。

２　答えが分数になるときは，約分できる場合は約分しなさい。

1　次の各問いに答えなさい。

（１）$(-8)-(-4)+5$ を計算しなさい。

（２）$2(2a+4b)-(a-6b)$ を計算しなさい。

（３）$\sqrt{54}+\sqrt{30}\div\sqrt{5}$ を計算しなさい。

（４）１次方程式 $5x-12=2x+3$ を解きなさい。

（５）等式 $4a+12b=3c$ を a について解きなさい。

図１

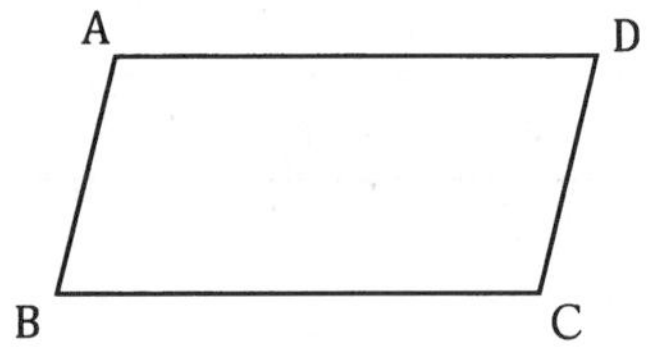

（６）図１で，平行四辺形 ABCD に，□の条件が加わると，平行四辺形 ABCD は長方形になる。□に当てはまる条件を次のア～エから１つ選び，記号で答えなさい。

ア　AB=BC　　イ　AC=BD　　ウ　∠ABD=∠CBD　　エ　AC⊥BD

図２

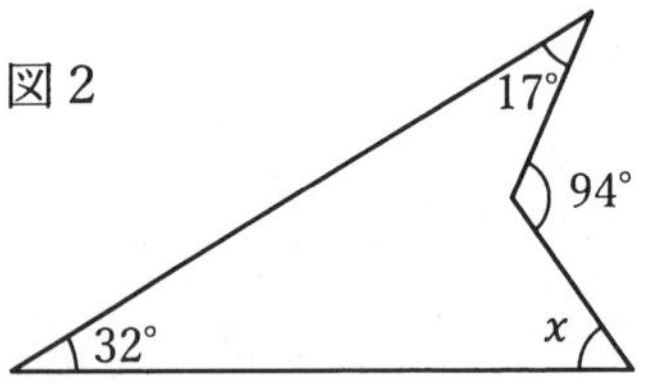

（７）図２で，$\angle x$ の大きさを求めなさい。

図３

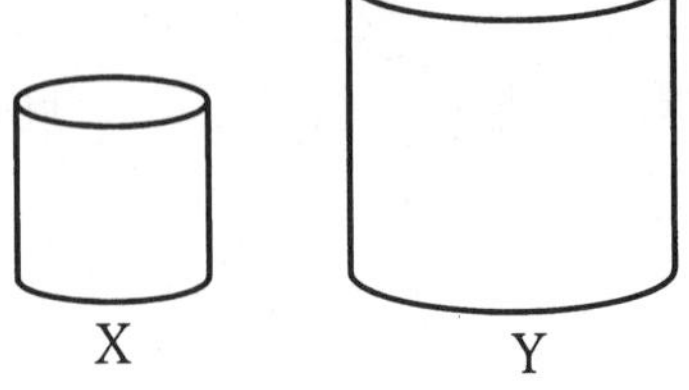

（８）図３のような，相似な２つの立体 X, Y がある。X と Y の相似比が $3:5$ であり，Y の体積が $375\pi\ \text{cm}^3$ のとき，X の体積を求めなさい。

図４

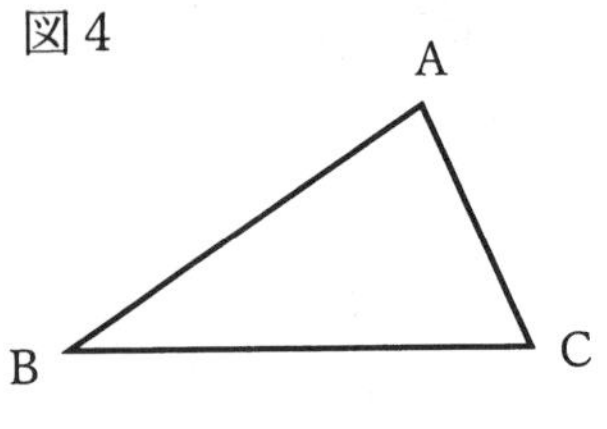

（９）図４において，△ABC で，辺 BC を底辺とするときの高さ AH を作図しなさい。ただし，作図には定規とコンパスを使い，作図に用いた線は消さないこと。

2　百の位の数が十の位の数より1大きい3けたの自然数がある。この自然数の各位の数の和は9であり，百の位の数と一の位の数を入れかえてできる自然数は，はじめの自然数より198小さい数である。このとき，はじめの自然数を求めなさい。また，求める過程も書きなさい。

3　右の図において，①は関数$y=x^2$，②は関数$y=\frac{1}{2}x^2$のグラフである。2点A, Bは，①上の点であり，点Aの座標は$(-2,4)$，点Bの座標は$(3,9)$である。あとの問いに答えなさい。

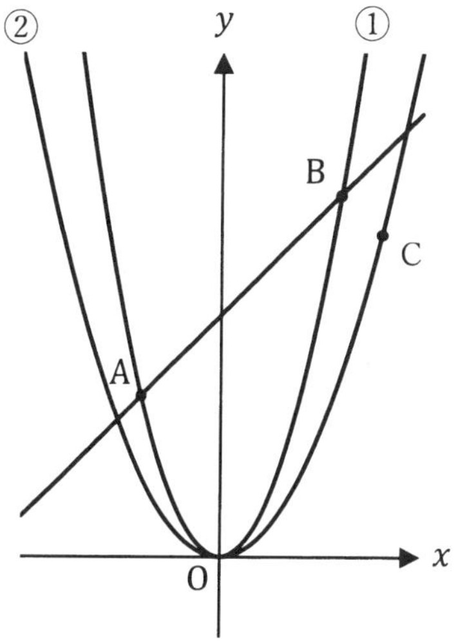

（1）2点A, Bを通る直線の式を求めなさい。

（2）△AOBの面積を求めなさい。

（3）②上にx座標は4である点Cをとる。このとき，線分BCの長さを求めなさい。

4　図1のように，体積が$\frac{20}{3}\pi\ \mathrm{cm}^3$である鉄でできた円錐のおもりAと，円柱の透明な容器Bがある。あとの問いに答えなさい。

図1

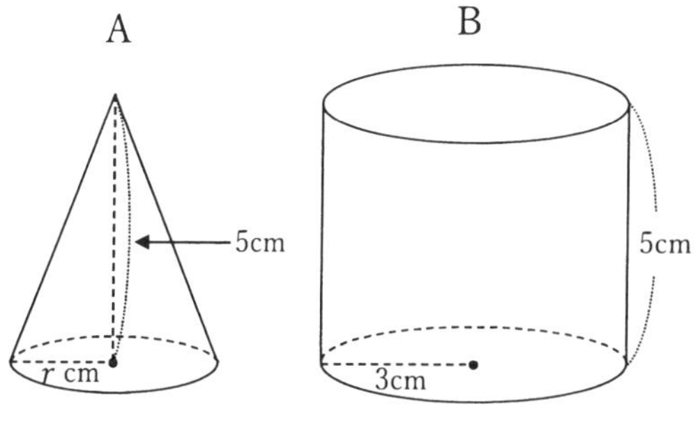

（1）おもりAの底面の半径はrは何cmか。

（2）容器Bに水をいっぱいになるまで注いだ。その後，おもりAの底面を水平に保ったまま容器Bの水の中に静かに沈めていく。図2のように，おもりAの底面から水面までの高さが3cmとなったとき，あふれた水の体積は何cm^3か。ただし，容器Bの厚さは考えないものとする。

図2

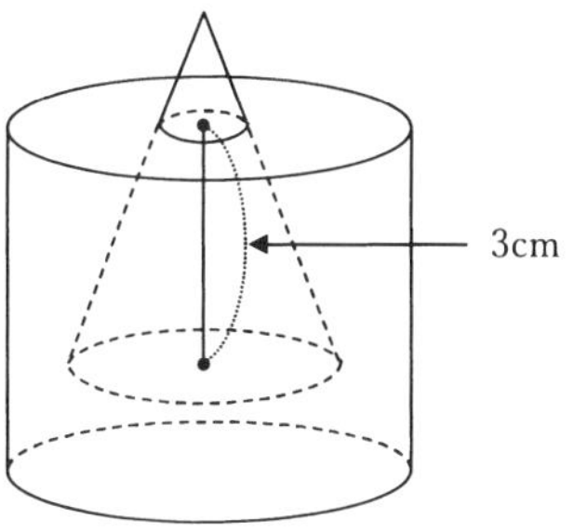

5　右の図のように３点 A, B, C を通る円があり，△ABC は正三角形である。$\overset{\frown}{BC}$は円周上の点 B，点 C を両端とする弧のうち短い方を表すものとし，点 P は$\overset{\frown}{BC}$上の点である。また，点 D を線分 AP 上に PC=PD となるようにとる。このとき，あとの問いに答えなさい。

（1）△ADC ≡△BPC であることを，次の（ア）～（ウ）をうめて，証明を完成させなさい。

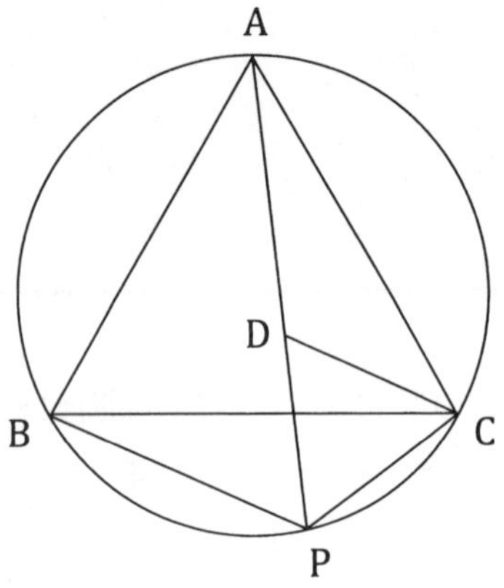

[証明]

△ADC と △BPC において，

△ABC は正三角形なので，　AC = BC …①

$\overset{\frown}{PC}$に対する円周角なので，　∠PAC =∠（　　ア　　）

よって，∠DAC = ∠（　　ア　　）…②

次に，∠ACD = ∠ACB − ∠（　　イ　　）

　　　　　　　= 60° − ∠（　　イ　　）…③

∠BCP = ∠PCD − ∠（　　イ　　）

ここで，∠APC は$\overset{\frown}{AC}$に対する円周角より，∠APC =∠ABC = 60°

つまり，△PCD は PC = PD，∠DPC = 60° なので正三角形である。

よって，∠BCP = 60° − ∠（　　イ　　）…④

③,④より，∠ACD = ∠BCP …⑤

①,②,⑤より，（　　　　　　ウ　　　　　　）がそれぞれ等しいので，

△ADC ≡△BPC である。

（2）AB = 8cm, 四角形ABPC の周の長さが 25cm のとき，AP の長さを求めなさい。

6　右の図は，すべての辺の長さが 8cm の正四角錐 OABCD である。辺 AB, BC の中点をそれぞれ P, Q とし，辺 OB 上に点 R をとる。△RPQ が正三角形になるとき，あとの問いに答えなさい。

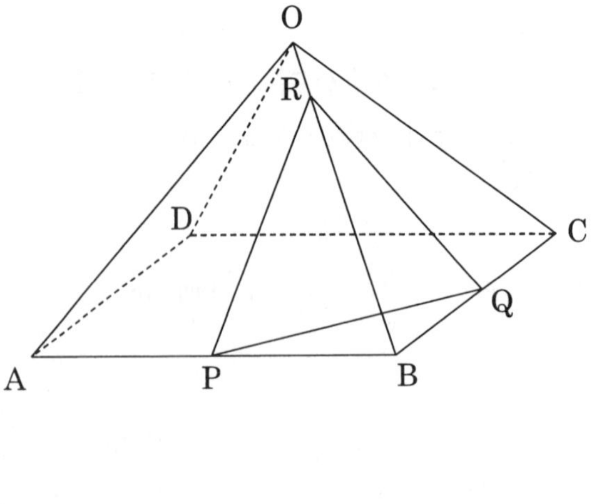

（1）線分 PQ の長さを求めなさい。

（2）点 P から辺 OB に垂線をひき，その交点を S とする。
　線分 PS の長さを求めなさい。

（3）線分 RB の長さを求めなさい。

数学－2

※注意１　答えに根号が含まれるときは，根号の中は最も小さい自然数にしなさい。
　　　２　答えが分数になるときは，約分できる場合は約分しなさい。

[1]　次の各問いに答えなさい。

（１）（ア）～（エ）の計算をしなさい。

（ア）$-\frac{7}{10}\times(-\frac{5}{28})$ を計算しなさい。

（イ）$(3^3-2)\div 5$

（ウ）$(-3a)^2\times 4ab\div(-9a^2b)$

（エ）$\sqrt{45}-\frac{10}{\sqrt{5}}$

（２）２次方程式 $x^2-10x=-21$ を解きなさい。

（３）4km を 20 分で走る速さは時速何 km か。

（４）六角形の内角の和を求めなさい。

（５）図１のように，長方形の中に１辺の長さが $\sqrt{5}$ m と $\sqrt{10}$ m の正方形がある。このとき，色をぬった部分の長方形の周の長さを求めなさい。

図１

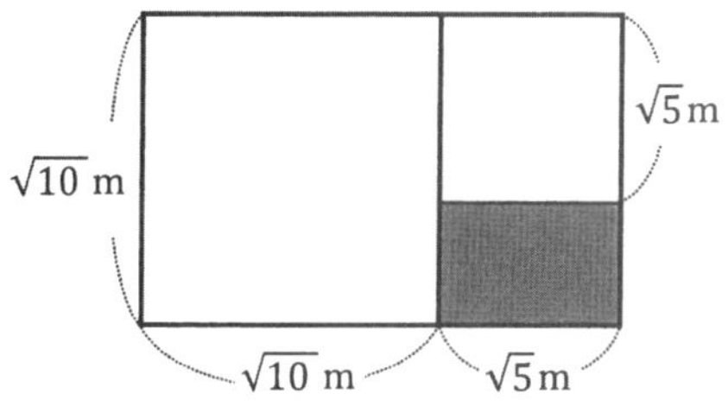

（６）次のデータは，ある図書館でスポーツ雑誌の 10 か月間の月ごと貸し出し冊数を表したものである。箱ひげ図を解答欄の図に書きなさい。

9，　11，　29，　13，　35，　25，　18，　12，　16，　20

（７）図２で，$\angle x$ の大きさを求めなさい。

図２

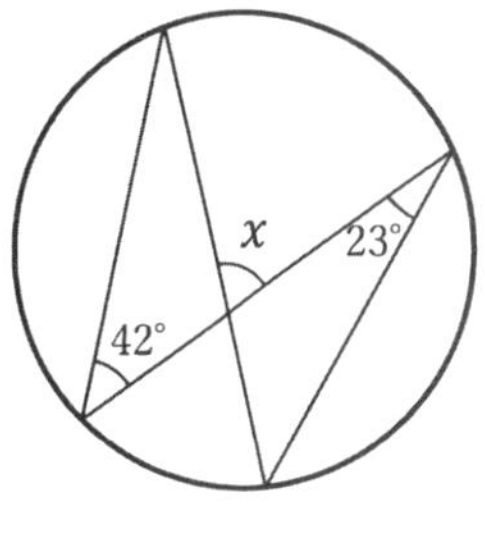

2 大小2つのさいころを同時に投げるとき，あとの問いに答えなさい。ただし，さいころはどの目が出ることも同様に確からしいとする。

（1）大小2つのさいころの出る目の数の和が8以上になる確率を求めなさい。

（2）大きいさいころの出た目の数を a，小さいさいころの出た目の数を b とし，その a, b の値の組を座標とする点 $\mathrm{P}(a,b)$について考える。例えば，大きいさいころの出た目の数が2，小さいさいころの出た目の数が3の場合は，点Pの座標は $\mathrm{P}(2,3)$ とする。次の①，②に答えなさい。

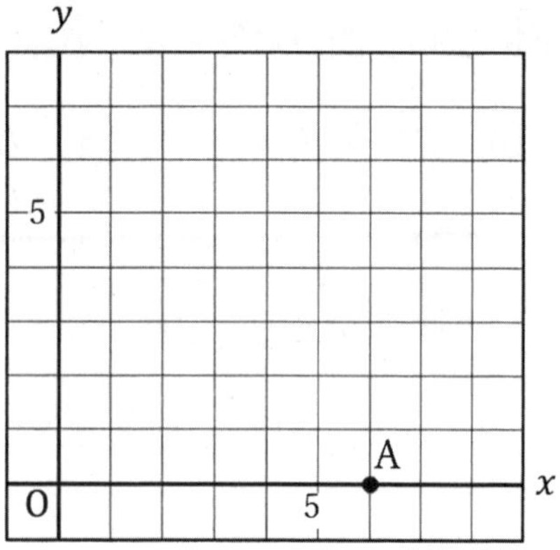

① 点 $\mathrm{P}(a,b)$が直線 $y=x-2$ 上の点となる確率を求めなさい。

② 図のように，点 $\mathrm{A}(6,0)$をとる。このとき，$\triangle$OAP の面積が12になる点 $\mathrm{P}(a,b)$ は何通りあるか。

3 ビルの高さを測るために，右図のように，ビルから40m離れた地点Xからこうた君がビルの先端Aを見上げると，水平の方向に対して60°上に見えた。△ABCの縮図△A'B'C'をB'C'=8cmとしてかいた。

こうた君の目の高さBXを1.5mとして，次の問いに答えなさい。

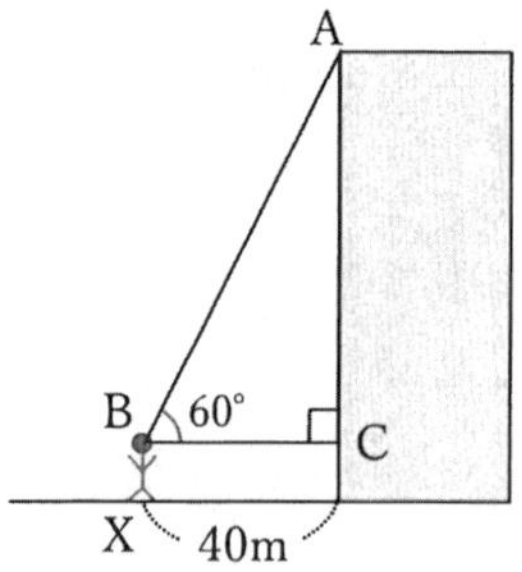

（1）△A'B'C'の縮図は何分の1か。

（2）縮図のA'C'の長さは何cmか。

（3）ビルの高さは何mか。

4 図3のように，同じ長さの棒を並べて五角形をつくる。

図4は五角形を n 個並べたものである。

図3

（1）五角形を5個つくるのに必要な棒の本数は何本か。

（2）五角形を n 個つくるのに必要な棒の本数を，n を使って表しなさい。

図4

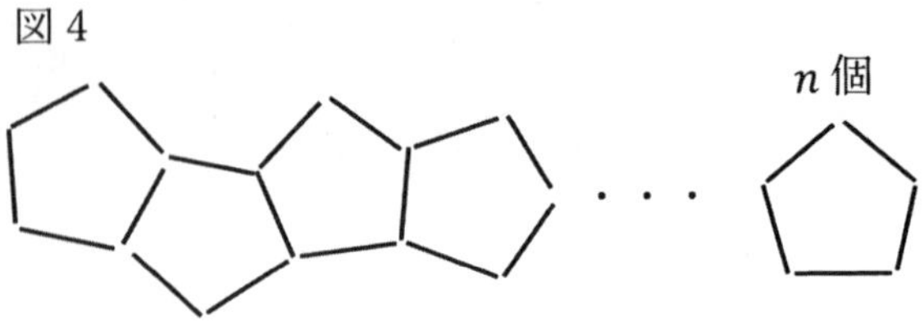

5　右の図のように，関数 $y=\frac{1}{2}x^2$ のグラフ上に2点 A, B があり，2点 A, B の x 座標はそれぞれ，-4，2 である。原点を O，直線 AB と x 軸との交点を C として，あとの問いに答えなさい。

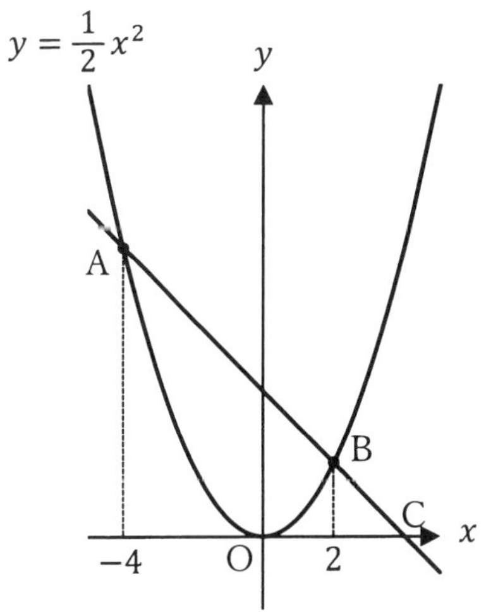

（1）点 A，点 B の座標をそれぞれ求めなさい。

（2）直線 AB の式を求めなさい。

（3）△AOC を x 軸を軸として1回転させてできる立体の体積を求めなさい。ただし，円周率は π とし，座標軸の単位の長さを 1 cm とする。

6　右の図で，△ABC は∠ABC=90° の直角三角形であり，AB=8cm, BC=6cm である。四角形 DBCE は平行四辺形であり，D は辺 AC 上にある。点 C から辺 DE にひいた垂線と辺 DE との交点を F とする。このとき，あとの問いに答えなさい。

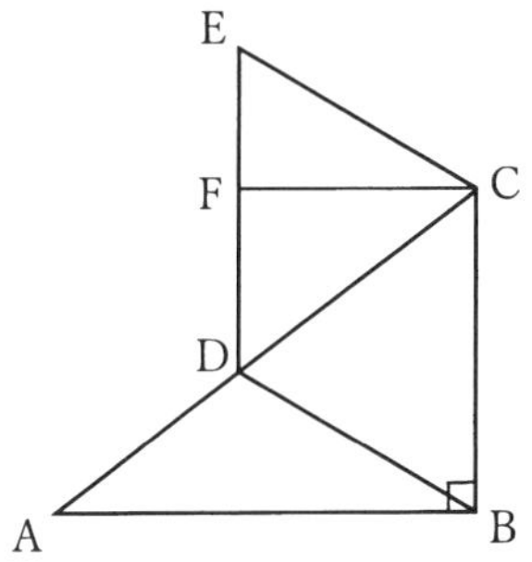

（1）△ABC∽△CFD であることを，次の（　ア　）～（　ウ　）をうめて，証明を完成させなさい。

[証明]

△ABC と△CFD において，

△ABC は直角三角形なので，∠ABC=90° …①

CF⊥DE なので，∠（　ア　）＝90° …②

①，②より，∠ABC=∠（　ア　）…③

DE//BC で，錯角は等しいので，∠ACB＝∠（　イ　）…④

③，④より，（　　ウ　　）がそれぞれ等しいので，

△ABC∽△CFD

（2）FC=5cm であるとき，△CFD の面積を求めなさい。

1　略地図1を見て，あとの問いに答えなさい。

略地図1

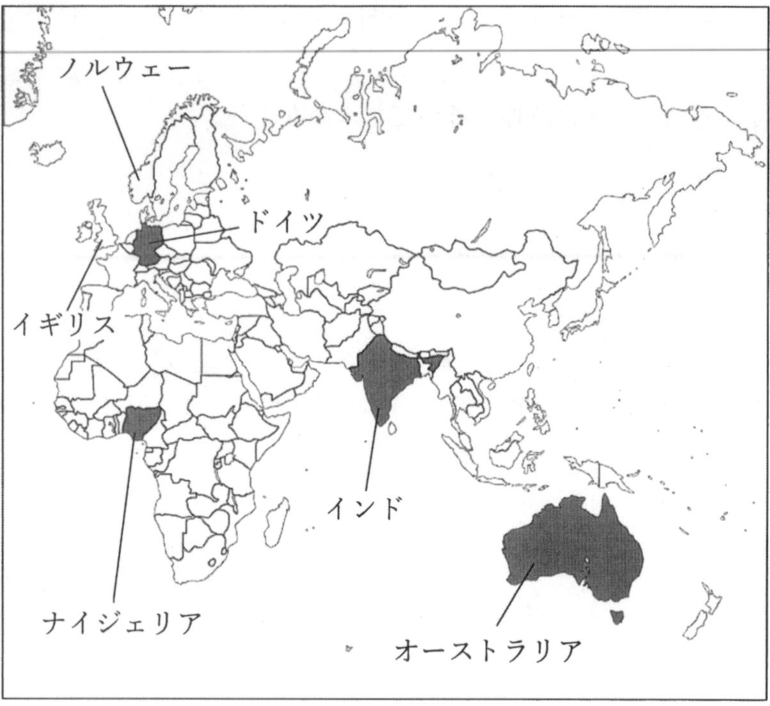

1　略地図1中のイギリスについて，(1)，(2) の問いに答えなさい。

(1) イギリスの首都ロンドンを通る，経度0度の経線を何というか。

(2) 六大陸のうち，イギリスがある大陸の名称を答えなさい。

2　略地図1中のノルウェーについて述べた次の文の X ， Y にあてはまる語句の組み合わせとして，最も適当なものを次のア～エから1つ選び，記号で答えなさい。

この国の西岸でみられる， X によって削られた複雑な地形を Y という。

ア X：海水　Y：フィヨルド
イ X：海水　Y：リアス海岸
ウ X：氷河　Y：フィヨルド
エ X：氷河　Y：リアス海岸

3　右の表1は地図1中の●で示した4か国に関する2021年のデータをまとめたものである。表1中のア～エから，オーストラリアにあてはまるものを1つ選び，記号で答えなさい。

表1

国名	人口 (千人)	輸出総額 (百万ドル)	輸出額1位の品目と，その額が総額に占める割合(%)
ア	25 921	342 036	鉄鉱石　(33.9)
イ	1 407 564	394 814	石油製品　(13.7)
ウ	213 401	47 232	原油　(76.2)
エ	83 409	1 635 600	機械類　(27.8)

(UN Comtrade，他より作成)

4　日本の標準時子午線を東経135度，略地図1で示したドイツの標準時子午線を東経15度とする。ドイツ時間で1月28日午後6時にサッカーの試合がドイツで開始されたとすると，日本時間では何月何日の何時に試合が開始されたことになるか。

5　右の表2は世界を六つの州に分けたときの，各州の農業に関する2018年の統計を示している。このうち，アフリカ州にあたるものを表2中のア～エから1つ選び，記号で答えなさい。
(※穀物は米，小麦，とうもろこしなどの合計を表す。)

表2

州	農林水産業就業人口比率(%)	農業従事者1人当たり農地面積(ha)	穀物《こくもつ》生産量(万t)
ヨーロッパ州	5.5	24.8	49 859
ア	6.5	33.4	56 924
南アメリカ州	12.5	22.3	20 725
イ	12.5	167.2	3 488
ウ	30.5	2.8	145 029
エ	49.3	5.1	20 260

(ILOSTAT，他より作成)

2　略地図2の西日本を見て，あとの問いに答えなさい。

略地図2

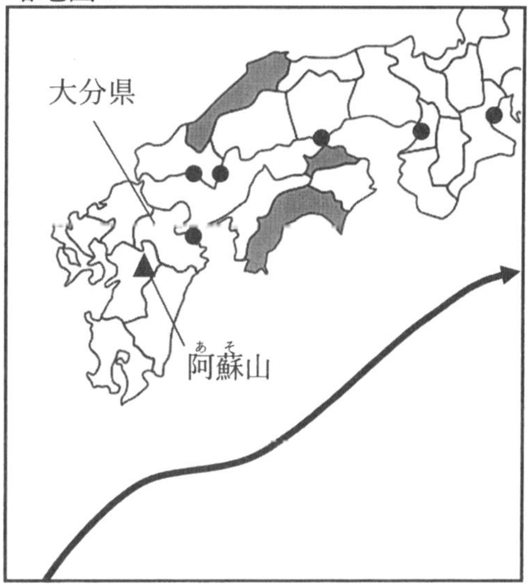

1　略地図2中の➡で示された位置を流れる海流の名称を答えなさい。

2　略地図2中の▲などで見られる，火山活動によってできた大きなくぼ地を何というか。

3　略地図2中の大分県には，八丁原など多くの地熱発電所がある。この地熱発電所について述べた下の文の□に入る語句として，最も適切なものを次のア～エから1つ選び，記号で答えなさい。

> 地熱発電所では，地下にある高温の熱水や蒸気を利用して発電を行っている。この高温の熱水や蒸気は□と同様に，再生可能エネルギーの1つである。

ア　天然ガス　　イ　バイオマス　　ウ　レアメタル　　エ　メタンハイドレート

4　表3は略地図中ので示した島根県，香川県，高知県の県庁所在地のいずれかの降水量に関するものである。このうち，香川県高松市にあたるものを表3のア～ウから1つ選び，記号で答えなさい。

表3

	1月降水量 (mm)	7月降水量 (mm)	年間降水量 (mm)
ア	39.4	159.8	1 150.1
イ	59.1	357.3	2 666.4
ウ	153.3	234.1	1 791.9

（気象庁統計より作成）

5　岡山県，広島県，山口県，香川県，愛媛県の5県で形成されている工業地域名を答えなさい。

6　略地図2中の●は西日本の石油化学コンビナートの分布を表している。また，資料1は日本の原油の生産量と輸入量を表したものである。略地図2の石油化学コンビナートはどのような場所に立地しているか，資料1をふまえて書きなさい。

資料1　（単位　千kL）

原油の生産量	499
原油の輸入量	144 150

（2021年資源・エネルギー統計より作成）

7　宮崎平野や高知平野では，温暖な気候を利用して，野菜の出荷時期を早める工夫をしている。このような栽培方法を何というか。

3　A～Cの３つの班に分かれて，時代ごとの社会のようすについて調べ，資料にまとめた。班ごとに作成した資料を見て，あとの問いに答えなさい。

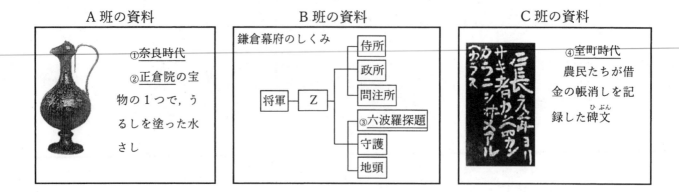

A 班の資料

①奈良時代

②正倉院の宝物の１つで，うるしを塗った水さし

B 班の資料

鎌倉幕府のしくみ

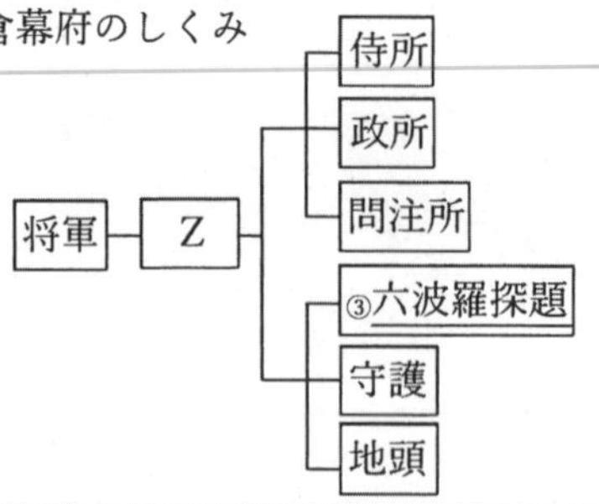

C 班の資料

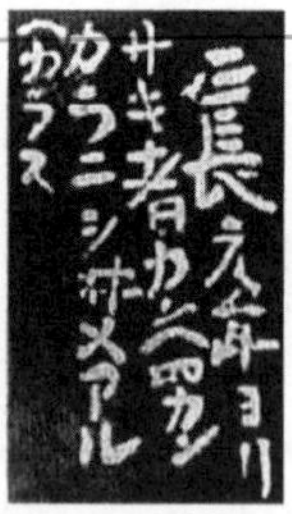

④室町時代

農民たちが借金の帳消しを記録した碑文《ひぶん》

1　下線部①のころ，班田収授法にもとづいて，戸籍に登録された６歳以上の人々に性別や身分に応じてあたえられた土地を何というか。

2　下線部②について述べた下の文の X ， Y にあてはまる語句の組み合わせとして，正しいものを次のア～エから１つ選び，記号で答えなさい。

正倉院が建てられた当時のわが国は，中国に X を使わしており，正倉院に残されていた物の中には， Y を通って西アジアやインドから伝わったものもある。

ア　X：遣隋使　Y：シルクロード　　イ　X：遣唐使　Y：シルクロード

ウ　X：遣隋使　Y：五街道　　エ　X：遣唐使　Y：五街道

3　源頼朝の死後，御家人をまとめた北条氏が将軍を補佐する役職につき，政治の実権をにぎった。このB 班の資料の Z に入る地位を何というか。

4　下線部③の六波羅探題は，1221 年に起こった承久の乱の後に京都に設置された。鎌倉幕府が承久の乱の後に六波羅探題を設置した理由を「朝廷」の語を用いて，簡単に書きなさい。

5　下線部④の社会や文化について述べた文として，正しいものを次のア～エから１つ選び，記号で答えなさい。

ア　読み・書き・そろばんを教える寺子屋が増えた。

イ　琵琶《びわ》法師が，武士の活躍をえがいた「平家物語」を各地に広めた。

ウ　観阿弥と世阿弥が，猿楽《さるがく》や田楽《でんがく》から現在まで続く能を大成させた。

エ　念仏を唱えて阿弥陀如来《あみだにょらい》にすがり，死後に極楽浄土への生まれ変わりを願う浄土信仰が広まる。

6　C 班の資料について述べた下の文のⓐ～ⓒの（　）内からそれぞれ適語を選びなさい。

室町時代，農村では有力な農民を中心に，ⓐ(惣／座)という自治組織がつくられるようになった。15 世紀になると，団結を固めた農民は，ⓑ(問／土倉)や酒屋などの金貸しをおそって，借金の帳消しなどを求めるⓒ(打ちこわし／土一揆)を起こすようになった。

4　近現代についてまとめた年表を見て，あとの問いに答えなさい。

年表

西暦	主なできごと	
1874 年	①民撰《みんせん》議院設立の建白書が政府に提出される	
1889 年	大日本帝国憲法が発布される・・・・・	
		X
1921 年	②ワシントン会議が開かれる・・・・・	
1929 年	③世界恐慌がおこる	
1951 年	④サンフランシスコ平和条約を結ぶ・・・	
		Y
1997 年	京都議定書が採択される ・・・・・・・	

1　下線部①をきっかけに，国民が政治に参加する権利の確立を目指す運動がはじまった。この運動を何というか。

2　Xの期間におけるわが国のできごととして，誤っているものを次のア～エから1つ選び，記号で答えなさい。

ア　米騒動がおこる。
イ　日比谷焼き打ち事件がおこる。
ウ　ラジオ放送が開始される。
エ　八幡製鉄所が建設される。

3　下線部②で決められたこととして，正しいものを次のア～エから2つ選び，記号で答えなさい。

ア　日英同盟の解消　　イ　海軍の軍備縮小
ウ　国際連盟の設立　　エ　沖縄の日本復帰

4　下線部③の影響で，1929 年からの数年間，日本やアメリカ，イギリスなどの鉱工業生産量は減り続けたが，ソ連は生産量が増え続け，工業を発展させることができた。この理由として最も適当なものを，次のア～エから1つ選び，記号で答えなさい。

ア　ブロック経済により，外国からの輸入品に関税をかけていたため。
イ　公共事業をおこして失業者に職をあたえるというニューディール政策を行ったため。
ウ　五か年計画とよばれる計画経済を進めており，世界恐慌の影響を受けなかったから。
エ　民主主義を否定して，個人よりも国家を重視する独裁政治を行ったから。

5　わが国と下線部④に調印しなかったソ連との間で，1956 年に（　　　）宣言が調印された。この宣言により，わが国の国際連合への加盟が実現した。（　　　）に入る語句を答えなさい。

6　次のア～エはYの期間におこったできごとである。これらを古い順に並べ替えなさい。

ア　第四次中東戦争をきっかけに石油危機（オイルショック）がおこり，高度経済成長が終わった。
イ　株式と土地の価格が異常に高くなる不健全な好況（バブル経済）が崩壊した。
ウ　アメリカとソ連の首脳がマルタ会談を行い，冷戦の終結が宣言された。
エ　東海道新幹線が開通し，オリンピック東京大会が開催された。

5　ある生徒が人権のあゆみについて述べた発表文の一部を見て，あとの問いに答えなさい。

　17～18 世紀にかけて欧米でつくられた人権宣言では，①自由権と②平等権が重要な権利だと考えられており，強調されてきました。20 世紀になると，③社会権という人間らしい生活を保障する権利が認められました。日本でも，1946 年には日本国憲法が公布され，人権の保障を確立しましたが，社会が発展するにしたがって日本国憲法には記載されていない権利があるという考え方も広がり，それらは④新しい人権として裁判などで主張されるようになりました。

1　下線部①について，日本国憲法が保障する自由権には，精神の自由，身体の自由，経済活動の自由がある。このうち，精神の自由にあてはまるものを次のア～エから 1 つ選び，記号で答えなさい。

ア　表現の自由　　　　イ　職業選択の自由
ウ　居住移転の自由　　エ　奴隷的拘束および苦役からの自由

2　下線部②について，わが国の女性の雇用についてまとめた下の文と，女性の年代別の労働力をまとめた資料 2 を見て，(1)，(2) の問いに答えなさい。

まとめ

　2022 年のグラフを見ると，1984 年と比較して，すべての年代で労働力が高いことがわかる。これは 1984～2022 年の間に女性の社会進出が進んできたことを示していると考えられる。この変化の背景には，1985 年の男女雇用機会均等法や，1990 年代の育児・介護休業法や［　　　］の制定などがあったと考えられる。

資料 2

日本の女性の年齢別労働力率

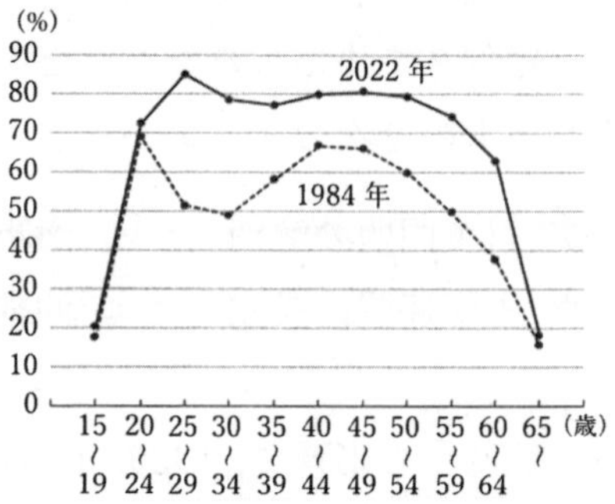

(総務省 労働力調査より作成)

(1) 1984 年のグラフでは，20 歳代後半と 30 歳代の労働力が大きく低下している。この理由を説明した下の文の(　　)に入る語句として，最も適当なものを次のア～ウから 1 つ選び，記号で答えなさい。

結婚や (　　　) のためにいったん仕事をやめる女性が多いから。

ア　趣味　　イ　進学　　ウ　育児

(2) まとめの文中の［　　　］に入る，男女が対等に社会活動に参加することができる環境づくりの実現のために，1999 年に制定された法律を何というか。

3　下線部③について，1919 年に世界で初めて社会権を保障した憲法を何というか。

4　下線部④について，治療方法などを患者が最終決定できるように，医師からの十分な説明にもとづく患者の同意のことを何というか。次のア～ウから 1 つ選び，記号で答えなさい。

ア　インフォームド・コンセント　　イ　クーリング・オフ　　ウ　バリアフリー

6　2023年におきた主なできごとを示した資料3を見て，あとの問いに答えなさい。

資料3

	主なできごと
5月	新型コロナウイルス①感染症の②法律上の分類が、季節性インフルエンザと同じ「5類」に引き下げられた。
5月	広島で先進7か国首脳会議（G7サミット）が行われ，世界③経済や地球温暖化などの国際的な問題について意見を交わした。
9月	全国のレギュラーガソリンの平均価格が調査開始以来最高値の186.5円になり，家庭や④企業の負担が増えた。
10月	商品やサービスの⑤消費税率ごとの税額を示す「インボイス（適格請求書）制度」が始まった。

1　下線部①について，日本の社会保障の4つの柱うち，感染症の予防や下水道の整備などにより，人々が健康で安全な生活を送ることができるようにすることを何というか。

2　下線部②について，下の文は法律案の議決について記されている，日本国憲法第59条の一部である。文中の（　a　），（　b　）に入る語句の組み合わせとして，正しいものを次のア～エから1つ選び，記号で答えなさい。

> 衆議院で可決し，参議院でこれと異なった議決をした法律案は，衆議院で（　a　）の（　b　）で再び可決したときは，法律となる。

ア　a：出席議員　b：過半数　　イ　a：出席議員　b：3分の2以上の多数
ウ　a：総議員　b：過半数　　エ　a：総議員　b：3分の2以上の多数

3　下線部③について，市場経済における商品の価格は，需要量と供給量によって変化する。資料4はある商品の需要量と供給量を表している。この商品の価格がXのとき，一般に価格はこの後どのように変化するか。最も適当なものを次のア～エから1つ選び，記号で答えなさい。

資料4

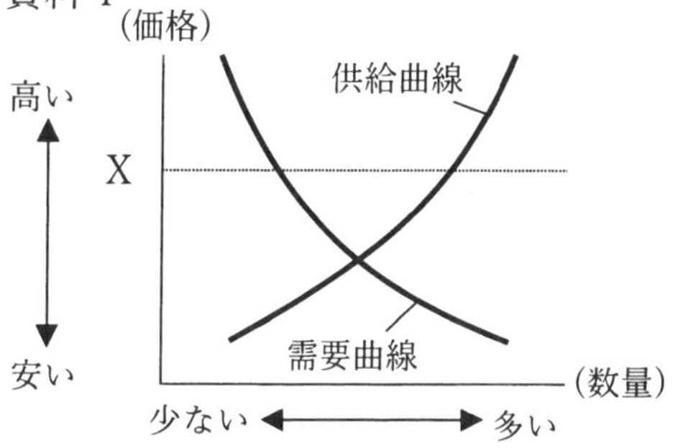

ア　需要量が供給量より多いので，価格は上がる。　イ　需要量が供給量より多いので，価格は下がる。
ウ　供給量が需要量より多いので，価格は上がる。　エ　供給量が需要量より多いので，価格は下がる。

4　下線部④について，社会への影響が大きい現代の企業は利潤を追求するだけでなく，積極的な情報開示や地球環境への配慮，消費者の保護などに取り組んでいる。このような人々の暮らしを向上させるための活動を「企業の□（CSR）」という。□にあてはまる語句を漢字5字で答えなさい。

5　下線部⑤について述べた下の文の（　i　），（　ii　）に入る語句の組み合わせとして，正しいものを次のア～エから1つ選び，記号で答えなさい。

> 消費税は（　i　）税であり，税率は所得に関係なくすべての人が同じなので，所得が低い人ほど所得にしめる消費税額の割合が（　ii　）くなる傾向がある。

ア　i：直接　ii：高　　イ　i：直接　ii：低　　ウ　i：間接　ii：高　　エ　i：間接　ii：低

1 略地図１を見て，あとの問いに答えなさい。

略地図１

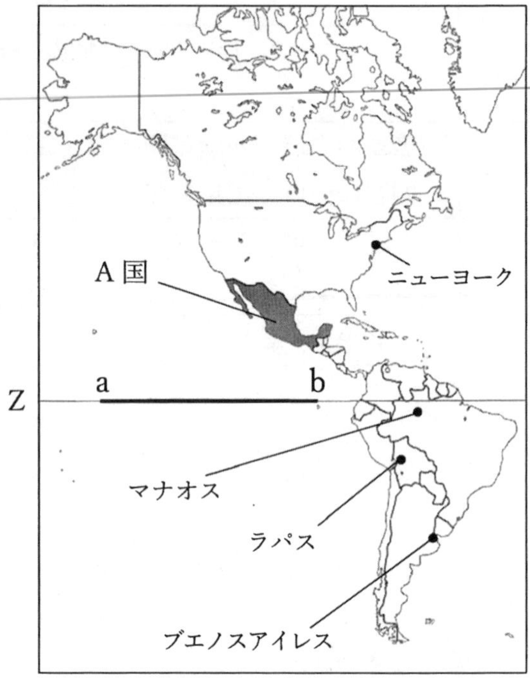

1　三大洋のうち，略地図１にまったく載っていない海洋名を答えなさい。

2　略地図１のＺは赤道で，赤道上のａ－ｂ間の経度差は60度である。赤道の全周が40000km であるとすると，ａ－ｂ間の距離として最も適切なものを次のア～エから１つ選び，記号で答えなさい。

ア 約3333km　　イ 約4444km
ウ 約5556km　　エ 約6667km

3　略地図１中の  で示したＡ国について，(1)，(2)の問いに答えなさい。

(1) Ａ国などからアメリカへ移り住んだスペイン語を話す人々のことを何というか。

(2) 資料１はＡ国と日本の2021年の主な輸入相手国である。資料１の［X］，［Y］にあてはまる国を次のア～オから１つずつ選び，記号で答えなさい。

ア 中国　　イ ブラジル　　ウ イギリス
エ アメリカ　　オ カナダ

資料１

A国		日本	
国名	%	国名	%
X	43.7	Y	24.0
Y	19.9	X	10.7
韓国	3.7	オーストラリア	6.8

（貿易統計データ，他より作成）

4　下のア～エは略地図１中のニューヨーク，マナオス，ラパス，ブエノスアイレスのいずれかの雨温図である。このうち，マナオスにあたるものを１つ選び，記号で答えなさい。

ア
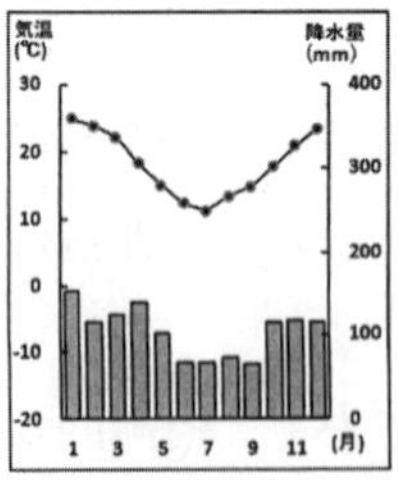

イ
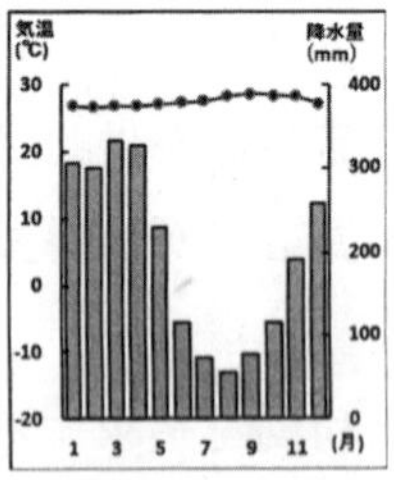

ウ
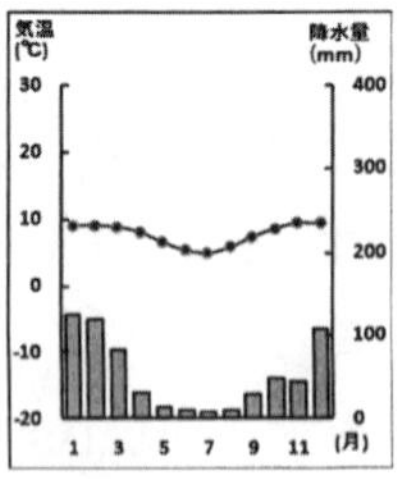

エ
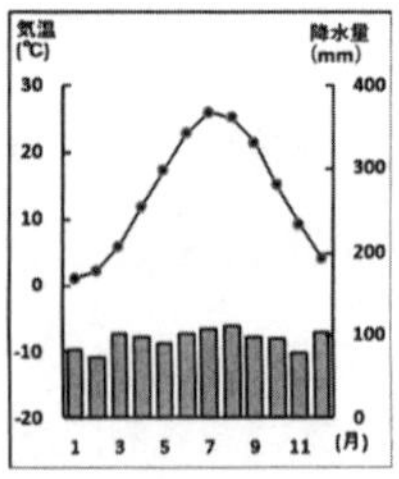

（気象庁データより作成）

5　資料２は略地図１中のブラジルの1963年と2021年の輸出総額とおもな輸出品の割合を示している。1963年から2021年の間に，輸出品目はどのように変化したか。資料２をもとに簡潔に書きなさい。

資料２

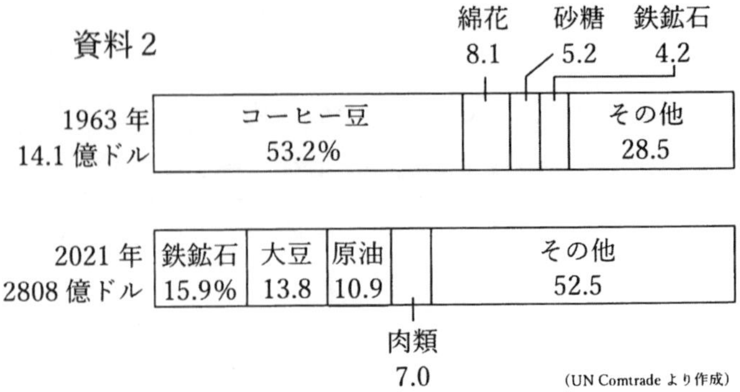

（UN Comtrade より作成）

2 略地図２を見て，あとの問いに答えなさい。

略地図２

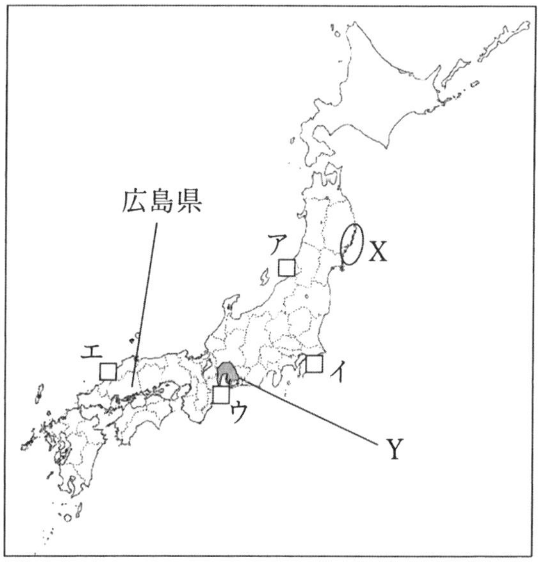

1 略地図２のＸで示した三陸海岸では海岸線が複雑に入り組んでいる。Ｘと同じように海岸線が入り組んでいる地域として，最も適当なものを略地図２中のア～エから１つ選び，記号で答えなさい。

2 略地図２で示した広島県などで見られる，河川が運んできた細かい砂や泥が河口部に堆積してできた，資料３のような土地を何というか。

資料３

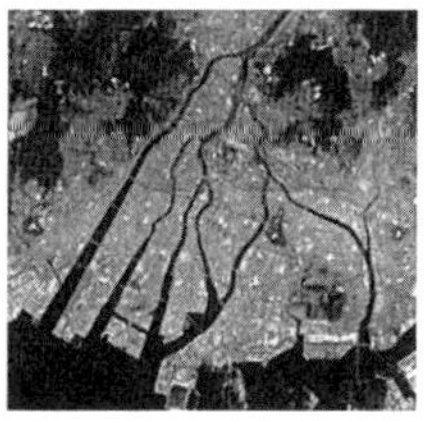

3 略地図２のＹで示した，工業製品出荷額が日本１位の工業地帯名を答えなさい。また，この工業地帯で生産が盛んな製品として，最も適当なものを次の【　】から１つ選び，書きなさい。

【 医薬品　　楽器　　パソコン　　自動車　　船舶 】

4 右の表１は秋田県，群馬県，静岡県，和歌山県について，2021 年における米，野菜，果実の農業産出額と漁業産出額を示したものである。このうち，和歌山県にあたるものを表１のア～エから１つ選び，記号で答えなさい。

表１　　単位：億円

県	農業			漁業
	米	野菜	果実	
ア	171.7	581.2	254.7	507.2
イ	78.4	141.3	759.6	168.2
ウ	1078.1	301.8	89.2	24.7
エ	153.0	1004.9	78.8	－

（農林水産統計データより作成）

5 資料４は長野県の一部を示した，２万５千分の１の地形図である。これについて，(1)，(2)の各問いに答えなさい。ただし，この地形図は見やすくなるように少し拡大している。

資料４

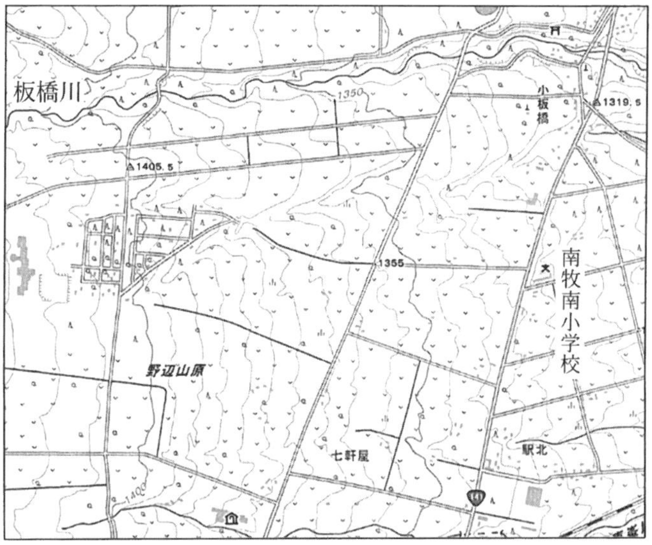

（国土地理院発行の２万５千分の１の地形図より作成）

(1) この地図から読み取れることを述べた下の文の㋐～㋓のうち，誤っているものを１つ選び，記号で答えなさい。

日本一標高が高い位置にある学校として有名な南牧南小学校から見て，北には㋐神社があり，㋑南西には老人ホームがある。南牧南小学校と老人ホームを直線で結んだとき，地図上の長さは 6cm なので，実際の距離は㋒1.5km となる。また，地図の上部を流れる板橋川は，この地域ではほぼ㋓東から西に向かって流れている。

(2) 多くの自治体が発行している，自然災害に備えて被害の可能性や避難場所などを示した地図を何というか。

3　世紀ごとの中国・朝鮮との関係をまとめた資料5を見て，あとの問いに答えなさい。

資料5

世紀	まとめ
5〜6世紀	大和政権が，倭の①王としての地位を認めてもらい，朝鮮半島の国々より優位に立とうとするために，中国の南朝に使いを送った。
7世紀	②中国を統一した唐が朝鮮半島の高句麗を攻撃し，東アジアでは緊張が高まった。
③8世紀	唐の鑑真が日本に来日し，正式な仏教の教えを伝えた。
13世紀	元が2度にわたって日本に襲来してくる。
14世紀	朝鮮国が建国し，日本と貿易を行い，日本は綿織物や仏教の経典などを輸入した。
15世紀	琉球王国が日本，中国，朝鮮などと④中継貿易を行い，繁栄した。
16世紀	豊臣秀吉が□を征服しようと二度，朝鮮に出兵した。

1　下線部①の王や豪族の墓として造られた前方後円墳の中で，世界最大級である大仙古墳がある地点はどこか。右の資料6のア〜エから1つ選び，記号で答えなさい。

資料6

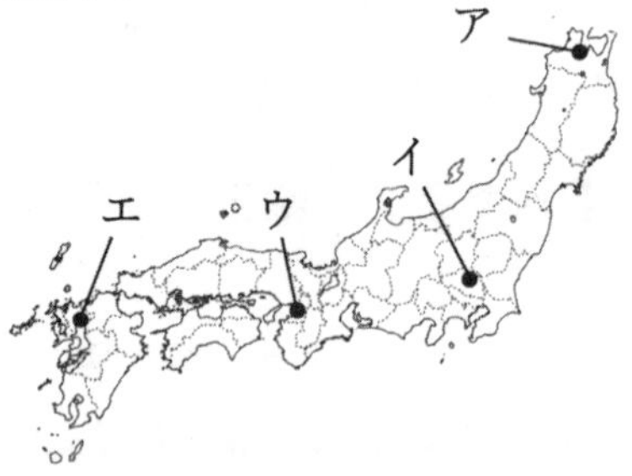

2　下線部②のころ，日本では独裁的な政治を行っていた蘇我氏を滅ぼして大化の改新を始めた。この大化の改新の中心人物で，のちの天智天皇となった人物を答えなさい。

3　下線部③のころ，日本では人口が増加し口分田が不足したことから，朝廷は743年に a を出して，新しく開墾した土地の私有を認めた。その結果，やがて b とよばれるようになった私有地を持つ貴族や寺院が増え，公地・公民の原則はくずれることになった。 a ， b にあてはまる語句の組み合わせとして，最も適当なものを右のア〜エから1つ選び，記号で答えなさい。

	a	b
ア	班田収授法	検地
イ	班田収授法	荘園
ウ	墾田永年私財法	検地
エ	墾田永年私財法	荘園

4　次のア〜エは13〜14世紀の間におこったできごとである。これらを古い順に並べ替えなさい。

ア 足利尊氏が新しい天皇を立て，征夷大将軍になった。
イ 後醍醐天皇が天皇中心の新しい政治をはじめる（建武の新政）。
ウ 貧困に苦しむ御家人を救おうと，鎌倉幕府が（永仁の）徳政令を出す。
エ 足利義満が2つの朝廷を1つにまとめあげ，内乱を終わらせた。

5　下線部④のころ，日本では戦国大名が領内の武士や民衆の行動を厳しく取りしまるために独自の法を定めた。この法を何というか。

6　資料5の□に入る中国の王朝を次のア〜オから1つ選び，記号で答えなさい。

ア 隋　イ 唐　ウ 宋　エ 明　オ 清

4　年表を見て，あとの問いに答えなさい。

年表

西暦	日本の主なできごと
1603 年	①江戸幕府を開く
1635 年	徳川家光が②参勤交代を制度化する
	↕ X
1854 年	鎖国体制がくずれ，③開国する
1867 年	大政奉還を行う
1873 年	[　　]が行われる
1914 年	④第一次世界大戦がはじまる
1939 年	第二次世界大戦がはじまる

1　下線部①について，江戸幕府の成立後，対馬藩の努力によって日本との国交が回復し，将軍の代がわりなどにお祝いの使節を派遣するようになった国はどこか。次のア〜エから正しいものを1つ選び，記号で答えなさい。

ア　イギリス　　イ　朝鮮

ウ　琉球王国　　エ　ポルトガル

2　下線部②の制度化により，各藩の財政は非常に苦しくなり，大名の経済力は弱められていったが，参勤交代とはどのような制度か，簡単に書きなさい。

3　次のア〜エはXの期間におきたできごとである。これらを古い順に並べ替えなさい。

ア　株仲間を認め，営業を独占させる代わりに営業税をとった。

イ　松平定信が寛政の改革をはじめる。

ウ　物価の上昇を抑えるために株仲間を解散させた。

エ　裁判の基準を定めた公事方御定書を制定した。

4　下線部③について，開国後の国内の経済について述べた下の文の[a]，[b]にあてはまる語句の組み合わせとして正しいものを，資料7を参考にして右のア〜エから1つ選び，記号で書きなさい。

大老の井伊直弼が[a]を結び，外国との貿易が始まったが，開国当初は外国との金銀の交換比率のちがいから，日本の[b]である小判が一時的に外国に流失して経済が混乱した。

資料7

外国の交換比率	日本の交換比率
金1枚：銀15枚	金1枚：銀5枚

	a	b
ア	日米和親条約	金貨
イ	日米和親条約	銀貨
ウ	日米修好通商条約	金貨
エ	日米修好通商条約	銀貨

資料8

5　右の資料8は，1872年に群馬県に建設し，フランス人技師を招いて操業を開始した工場の一部である。この官営模範工場を何というか。

6　[　　]に入る，明治政府が課税の基準として地価を定め，土地の所有者に地券を発行し，土地の所有者が地価の3%を現金で納めさせることとした，国家の財政を安定させるための税制改革を何というか。

7　下線部④後のパリでの講和会議で結ばれた条約を何というか。

5　三権分立について述べた下の文を見て，あとの問いに答えなさい。

わが国では，立法権は①国会，行政権は②内閣，司法権は③裁判所が担当している。このように，国の権力を三つに分け，それぞれ独立した機関が担当するしくみを三権分立という。

1　下線部①について，日本国憲法で定めている国会の地位を述べた下の文の（　　）に入る適切な語句を漢字で答えなさい。

国会は，（　　　）の最高機関であって，国の唯一の立法機関である。

2　下線部①について，国会の仕事として誤っているものを次のア～エから1つ選び，記号で答えなさい。

ア 条例の制定　　イ 弾劾裁判所の設置　　ウ 予算の議決　　エ 条約の承認

3　下線部①について，わが国の国会では，衆議院と参議院で議決が異なった場合，いくつかのことがらについて，衆議院の優越が憲法で定められている。衆議院にのみ優越が認められている理由を，資料9を参考にして簡単に答えなさい。

資料9

	任期	解散
衆議院	4年	あり
参議院	6年（3年ごとに半数改選）	なし

4　下線部②について，内閣を組織して政権を担う政党を何というか，次のア～エから1つ選び，記号で答えなさい。

ア 与党　　イ 野党　　ウ 世論　　エ 行政

5　下の文章は日本とアメリカの政治のしくみを説明した文章である。文中の［ a ］，［ b ］にあてはまる語句をそれぞれ答えなさい。

日本は［ a ］制を採用しており，内閣は国会の信任にもとづいて成立し，国会に対して連帯して責任を負う。それゆえ，内閣総理大臣は国会議員の中から国会の指名で選ばれる。一方，アメリカは［ b ］制を採用しており，議会の議員と国の行政の長である［ b ］は，別の選挙で国民に選ばれる。

6　下線部③について，裁判所や裁判について述べたものとして，誤っているものを次のア～エから1つ選び，記号で答えなさい。

ア 刑事裁判では，検察官が被疑者を被告人として裁判所に起訴する。
イ 裁判員制度は，18歳以上の国民が裁判員として民事裁判の第一審に参加する制度である。
ウ 第一審の裁判所の判決に不服があれば，第二審の裁判所に控訴することができる。
エ 最高裁判所は，法律などが憲法に違反していないかどうかを，最終的に判断できる権限を持つことから，憲法の番人とよばれている。

6　班ごとに分かれて社会科の授業で学習した内容からテーマを決め，調べ学習を行った。表2はテーマと調べたことの一部である。これを見て，あとの問いに答えなさい。

表2

	テーマ	調べたこと
1班	①選挙	成年年齢の引き下げ
2班	②労働	働き方改革
3班	景気	③金融政策
4班	経済	④為替相場が生活に与えた影響
5班	⑤地方自治	⑥都道府県ごとの収入の違い

1　下線部①について，日本国憲法で保障されている，一定の年齢以上のすべての国民が選挙権を得るという原則を何というか。次のア～エから1つ選び，記号で答えなさい。

ア　普通選挙　　イ　平等選挙　　ウ　秘密選挙　　エ　直接選挙

2　下線部②について，労働時間や休日など，労働条件の最低基準を定めた法律を何というか。

3　下線部③について，日本銀行が行う金融政策を説明した文として，正しいものを次のア～エから1つ選び，記号で答えなさい。

ア　好況のとき，日本銀行は一般の銀行から国債などを買って市場に出回る通貨量を減らそうとする。
イ　好況のとき，日本銀行は一般の銀行へ国債などを売って市場に出回る通貨量を増やそうとする。
ウ　不況のとき，日本銀行は一般の銀行から国債などを買って市場に出回る通貨量を増やそうとする。
エ　不況のとき，日本銀行は一般の銀行へ国債などを売って市場に出回る通貨量を減らそうとする。

4　下の文は，下線部④について生徒の一人がまとめたものである。文中の（　X　），（　Y　）にあてはまる語句の組み合わせとして，正しいものを右のア～エから1つ選び，記号で答えなさい。

円とドルの為替相場は，2013年には1ドル＝100円前後だったが，2023年には1ドル＝150円を超える日もあった。この10年間で（　X　）が進み，日本企業が製品を輸出するのに（　Y　）な状態となった。

	X	Y
ア	円安	有利
イ	円安	不利
ウ	円高	有利
エ	円高	不利

5　下線部⑤について，地方自治は，地域住民が自らの意思と責任で身近な問題に取り組んでいる。地方自治では，住民が直接政治に参加して学べる場であることから何とよばれているか。

6　下線部⑥について，地方公共団体の歳入のうち，地方公共団体間の収入の格差をなくすために，国から分配されるものを何というか。次のア～エから1つ選び，記号で答えなさい。

ア　地方税　　イ　地方債　　ウ　地方交付税交付金　　エ　国庫支出金

1　次の1, 2の問いに答えなさい。

1　光が当たるとき，植物が二酸化炭素を吸収することを確認するために，次の【実験】を行った。これについて，あとの問いに答えなさい。ただし，【実験】で用いる気体検知管による空気の出入りはないものとする。

【実験】

① 葉の大きさと葉の枚数が同じ鉢植えの植物を2つ用意し，図1のように同じ大きさのポリエチレン袋で包んで密閉し，ストローで息を吹き込みA, Bとした。また，何も入れずに息を吹き込んだ同じ大きさのポリエチレン袋をCとした。

② 気体検知管でA, B, Cの袋の中の二酸化炭素の割合をそれぞれ測定した。

③ 図2のように，A, Cは光が十分に当たる場所，Bは光が当たらない暗い場所に置いた。

④ 数時間後，気体検知管でA, B, Cの袋の中の二酸化炭素の割合をそれぞれ測定した。

⑤ ②と④の結果を表にまとめた。

図1
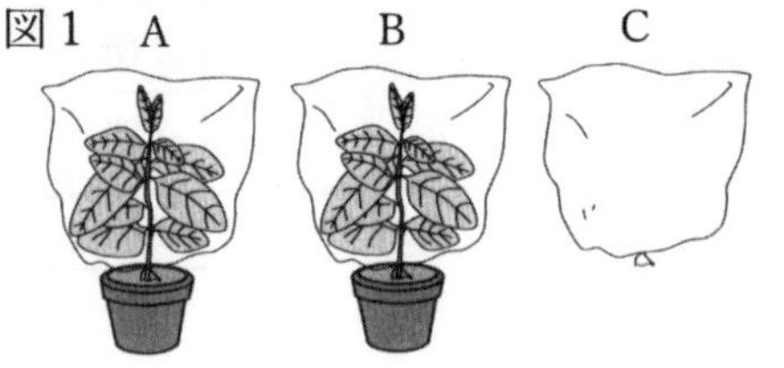

図2
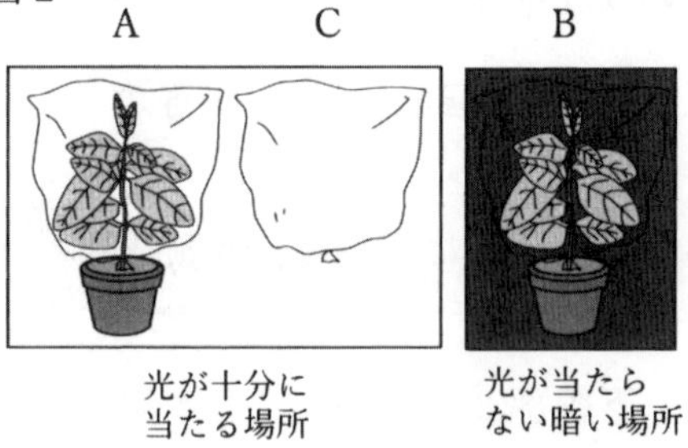

表

	Aの二酸化炭素の割合	Bの二酸化炭素の割合	Cの二酸化炭素の割合
実験②	4.5%	4.5%	4.5%
実験④	2.5%	5.5%	4.5%

（1）【実験】で, A, Bの袋の内側に水滴が観測された。これは，植物の体から水が水蒸気となって出ていくためである。このことを何というか。

（2）（1）のはたらきは，おもに葉の何というつくりから出ていくか。

（3）【実験】の結果について考察した次の文について,（ｉ）（ⅱ）に答えなさい。

> 実験結果をまとめた表より，光が十分に当たる場所では, Aの袋の中の二酸化炭素の割合が減ったことがわかる。これはAの植物があ{光合成，呼吸}をすることによって増える二酸化炭素の量よりも，い{光合成，呼吸}をすることによって減る二酸化炭素の量が多いためである。また，光が当たらない暗い場所に置いたBでは，袋の中の二酸化炭素の割合が増えた。これは，植物がう{光合成，呼吸}をしないときでも，え{光合成，呼吸}をするからである。また，Cの袋内の二酸化炭素の割合に変化がなかったので，袋内の二酸化炭素の割合の変化が植物のはたらきによることがわかる。

（ｉ）{　}から，それぞれ正しい語句を選びなさい。

（ⅱ）下線部について，この【実験】でCを準備したように，調べようとすることがら以外の条件を同じにして行う実験を何というか。

（4）二酸化炭素の性質として適当なものを，次のア～エの中から1つ選び，記号で答えなさい。

ア　石灰水を白くにごらせる。

イ　水溶液はアルカリ性を示す。

ウ　空気より密度が小さいので上方置換で集めることができる。

エ　ものを燃やすはたらきがある。

2　生殖や遺伝についてまとめた文を読んで，あとの問いに答えなさい。

　ジャガイモの新しい個体をつくる方法は２つある。１つは，図３のように体の一部から新しい個体をつくる①無性生殖である。もう１つは，図４のようにジャガイモＡの花のめしべにジャガイモＢの花粉を受粉させ，できた種子をまいてジャガイモＸをつくる有性生殖である。有性生殖と無性生殖では，親から子への②遺伝子の受けつがれ方が異なる。

図３

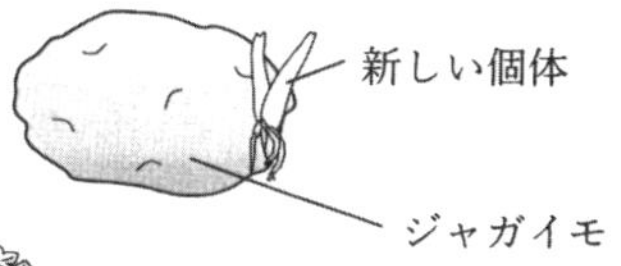

図４

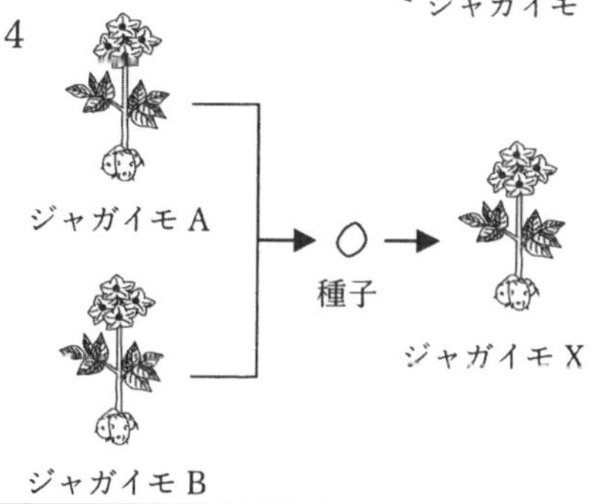

（１）下線部①について，ジャガイモの無性生殖を何というか。

（２）下線部①について，無性生殖でできた新しい個体（子）の形質と親の形質を比べて言えることは何か。「遺伝子」という語句を用いて簡単に書きなさい。

（３）図５は，ジャガイモＡ, Ｂの核の染色体を模式的に表したものである。ジャガイモＸの染色体はどのように表されるか，解答欄に図を書きなさい。

図５

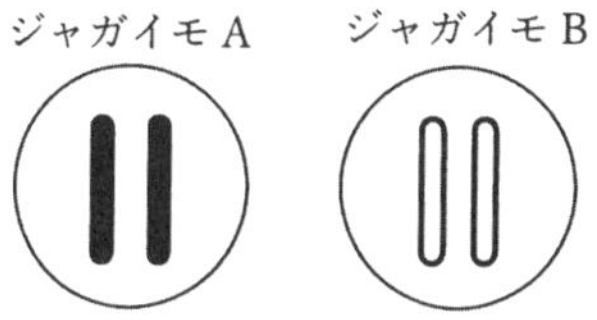

（４）下線部②について，染色体に含まれる遺伝子の本体を何というか。

2　次の１, ２の問いに答えなさい。

1　マグネシウムの粉末を用いて，次の【実験】を行った。この【実験】について，あとの問いに答えなさい。

【実験】

①　図６のように，0.60g のマグネシウムの粉末をステンレス皿に入れ，ガスバーナーで加熱したあと，よく冷やしてから質量をはかった。

②　さらに，①をよくかき混ぜて再び加熱し，よく冷やしてから質量をはかった。この操作を繰り返し行い，ステンレス皿の中の物質の質量の変化を調べた。

③　①, ②の結果を表にまとめた。

図６

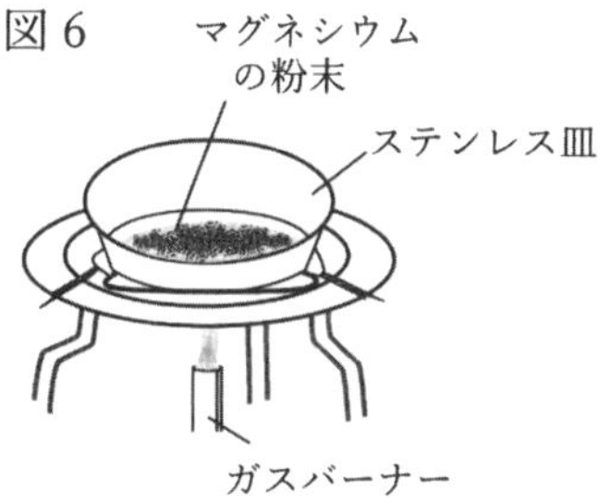

表

加熱回数［回］	0	1	2	3	4	5
加熱後のステンレス皿の中の物質の質量[g]	0.60	0.80	0.90	1.00	1.00	1.00

（1）【実験】で起こった化学変化を，次の ア ， イ をうめて化学反応式で表しなさい。

$2Mg$ ＋ ア → 2 イ

（2）【実験】で，0.60g のマグネシウムがすべて反応したとき，マグネシウムと結びついた酸素は何 g か。

（3）【実験】で，加熱回数が 1 回のとき，酸素と結びつかずに残っているマグネシウムは何 g か。次のア～エの中から 1 つ選び，記号で答えなさい。

ア　0.10g　　イ　0.20g　　ウ　0.30g　　エ　0.40g

（4）【実験】の操作について適当なものを，次のア～ウの中から 1 つ選び，記号で答えなさい。

ア　実験結果をすばやく記録するために，記録用紙を実験装置の真横に置く。
イ　マグネシウムを加熱すると強い光が出るので，近くで見ないようにする。
ウ　実験に用いた器具は，実験後すぐに片付ける。

2　次の【観察】と【観察結果】を読んで，あとの問いに答えなさい。

【観察】

硫酸銅水溶液，硫酸亜鉛水溶液の入った試験管を 3 本ずつ用意し，それぞれの水溶液に銅，亜鉛，マグネシウムの金属片を図 7 のように入れた。しばらくおいた後に観察結果をまとめた。

図 7

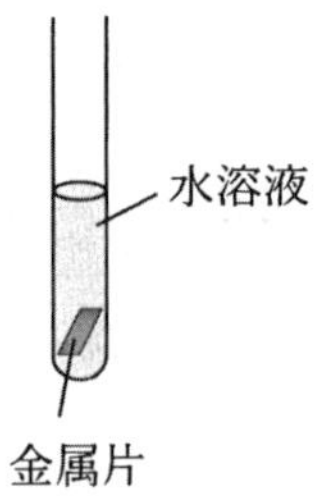

【観察結果】

		金属イオンをふくむ水溶液	
		硫酸銅水溶液	硫酸亜鉛水溶液
金属片	銅	変化がなかった。	変化がなかった。
	亜鉛	銅が付着した。	変化がなかった。
	マグネシウム	銅が付着した。	金属表面に銀色の（ A ）が付着した。

（1）【観察結果】の表の（ A ）に当てはまる物質を，次のア～ウの中から 1 つ選び，記号で答えなさい。

ア　マグネシウム　　イ　銅　　ウ　亜鉛

（2）下には，硫酸銅水溶液に亜鉛の金属片を入れたとき，亜鉛に対して起こる変化を，化学式を用いて書いた。下の□をうめて完成させなさい。

$Zn \rightarrow$ □ $+ 2e^{-}$

（3）【観察結果】から，銅，亜鉛，マグネシウムをイオンになりやすい順に並べたものを，次のア～エの中から 1 つ選び，記号で答えなさい。

ア　銅＞亜鉛＞マグネシウム　　イ　銅＞マグネシウム＞亜鉛
ウ　マグネシウム＞銅＞亜鉛　　エ　マグネシウム＞亜鉛＞銅

（4）銅などの金属は身近な製品の導線として使われている。その理由は金属がどのような性質をもつためか。簡潔に答えなさい。

3　次の 1, 2 の問いに答えなさい。

1　次の文は，先生と A 君の会話の一部である。これについて，あとの問いに答えなさい。

A 君　冬になると窓ガラスの表面に水滴がつきます。この現象が [a]結露ですよね。

先生　そうですね。その結露と同じように，[b]雲のでき方も空気にふくみきれなくなった水蒸気の一部が水滴になることと関係しています。

A 君　ところで，冬の部屋は乾燥しているので，加湿器を使っています。加熱式加湿器を使うと湯気が出ます。そのときの部屋の [c]湿度はどうなっているのでしょうか。

先生　加湿器を使うと湿度が上がります。下の表を使って，湿度について考えてみましょう。

気温[℃]	18	19	20	21	22	23
飽和水蒸気量[g/m³]	15.4	16.3	17.3	18.3	19.4	20.6

（1）下線部 a について，次の文の□に当てはまる語句を，漢字 2 字で答えなさい。

> 窓ガラスの表面付近の空気の温度が，空気にふくまれる水蒸気が凝結し始める温度である□よりも低くなることで，水蒸気の一部が水滴に変わり，窓ガラスの表面につく。

（2）下線部 b について，水蒸気をふくむ空気のかたまりが上昇したときの雲のでき方について述べた次の文の□に当てはまるものとして，適当なものを次のア〜エから 1 つ選び，記号で答えなさい。

> 水蒸気をふくむ空気のかたまりが上昇すると，上空の気圧が□，雲ができる。

ア　高いために圧縮され，気温が上がり　　　イ　高いために圧縮され，気温が下がり

ウ　低いために膨張し，気温が上がり　　　エ　低いために膨張し，気温が下がり

（3）下線部 c について，ある部屋の気温が 18℃で，1 m³の空気にふくまれる水蒸気の質量は 6.2g であった。次の①，②に答えなさい。

① この部屋の湿度は約何%か。次のア〜エからもっとも近いものを 1 つ選び，記号で答えなさい。

ア　30%　　イ　40%　　ウ　50%　　エ　60%

② 次の文の□に当てはまる数値を求めなさい。

> この部屋の空気の体積は 30 m³である。この部屋で暖房器具と加湿器を同時に使用したところ，気温が 23℃に上がり，湿度は 50%になった。このとき，この部屋の空気にふくまれる水蒸気の質量は□g 増加した。

2　次の文を読んで，あとの問いに答えなさい。

日本のある場所で，夏至の日の 8 時から 16 時まで，太陽の位置を透明半球上に 1 時間ごとに油性ペンで記録し，なめらかな曲線で結び，透明半球のふちまで延長して曲線 XY をつくった。また，太陽が南中した時刻に，太陽の位置を透明半球上に印をつけて記録し，この点を P とした。図 8 は，その結果を表したものであり，1 時間ごとの曲線の長さは同じであった。また，図中の A〜D は，それぞれ円の中心 O から見た東西南北のいずれかの方向にある円周上の点である。

図 8

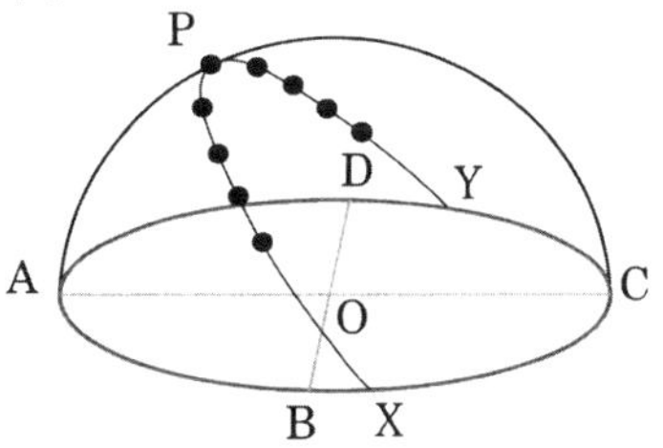

（1）図8の円の中心 O から見て，東の方向にある点として，適当なものを図8の A～D から 1 つ選び，記号で答えなさい。

（2）太陽の南中高度を表わす角として適当なものを，次のア～エから1つ選び，記号で答えなさい。

ア　∠ACP　　イ　∠AOP　　ウ　∠APC　　エ　∠APO

（3）太陽の位置を透明半球上に油性ペンで印をつけて記録するとき，印の位置をどのように決めればよいか。「油性ペンの先端の影」という語句を用いて答えなさい。

（4）下線部の理由について述べた文として適当なものを，次のア～エから1つ選び，記号で答えなさい。

ア　太陽が一定の速さで自転しているため。
イ　太陽が一定の速さで地球のまわりをまわっているため。
ウ　地球が一定の速さで自転しているため。
エ　地球が一定の速さで太陽のまわりをまわっているため。

（5）図8の X と Y を結んだ透明半球上の曲線の長さは 28.0cm, 1 時間ごとの曲線の長さは 2.0cm であった。また，この日の日の入りの時刻は，19 時ちょうどであった。この日の日の出の時刻として適当なものを，次のア～エから 1 つ選び，記号で答えなさい。ただし，太陽の位置が X のときの時刻を日の出, Y のときの時刻を日の入りの時刻とする。

ア　5時ちょうど　　イ　5時 15 分　　ウ　5時 30 分　　エ　5時 45 分

4　次の 1, 2, 3 の問いに答えなさい。

1　棒磁石のつくる磁界についての【実験】を読んで，あとの問いに答えなさい。

【実験】

①　図 9 のように，固定したコイルの上方のある位置で棒磁石を持ち，棒磁石の N 極を下向きにしてコイルの中心へ近づけたところ，図 9 に示す値まで検流計の針が振れた。

②　同じ棒磁石を用いて，条件を変えて実験を行ったところ，図 10 に示す値まで検流計の針が振れた。

図 9

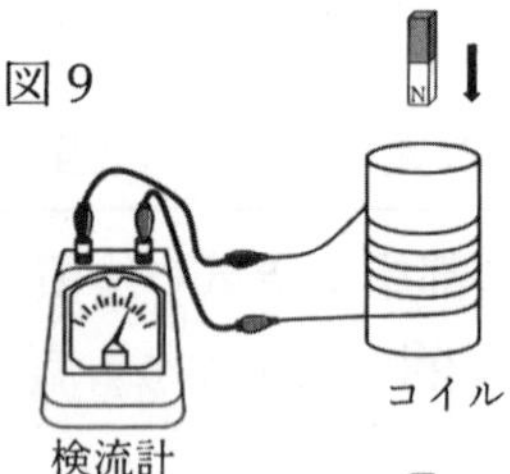

図 10

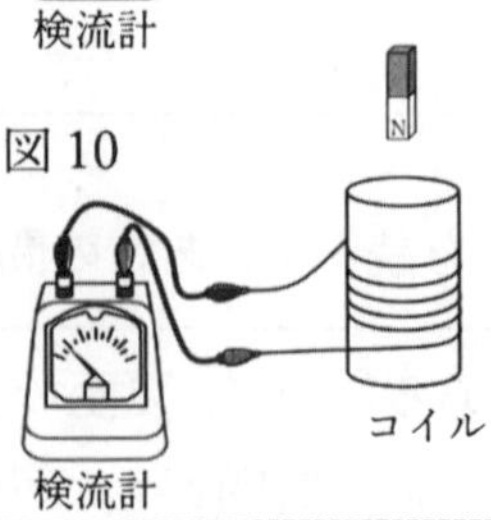

（1）図 11 は棒磁石の磁界のようすを示している。この曲線を何というか。

図 11

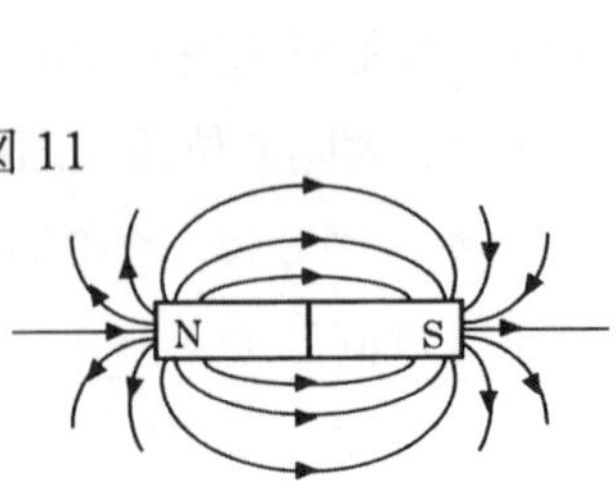

（2）【実験】①のように，棒磁石を動かしたときに電圧が生じ，コイルに電流が流れる現象を何というか。

（3）【実験】②で，図 10 に示す値まで検流計の針が振れたときの実験はどれか。次のア～エから 1 つ選び，記号で答えなさい。

ア　N 極を下向きにして，速くコイルの中心へ近づけた。

イ　N 極を下向きにして，ゆっくりコイルの中心から離した。

ウ　S 極を下向きにして，速くコイルの中心に近づけた。

エ　S 極を下向きにして，ゆっくりコイルの中心から離した。

2　次の【実験】を読んで，あとの問いに答えなさい。

【実験】

①　図 12 のような回路を作り，抵抗器 A に流れる電流と加わる電圧の大きさを調べた。

②　抵抗の値が異なる抵抗器 B に変え，同様の実験を行った。

③　①,②の結果を表にまとめた。

電圧[V]		0	3.0	6.0	9.0	12.0
電流[A]	抵抗器 A	0	0.15	0.30	0.45	0.60
	抵抗器 B	0	0.10	0.20	0.30	0.40

図 12

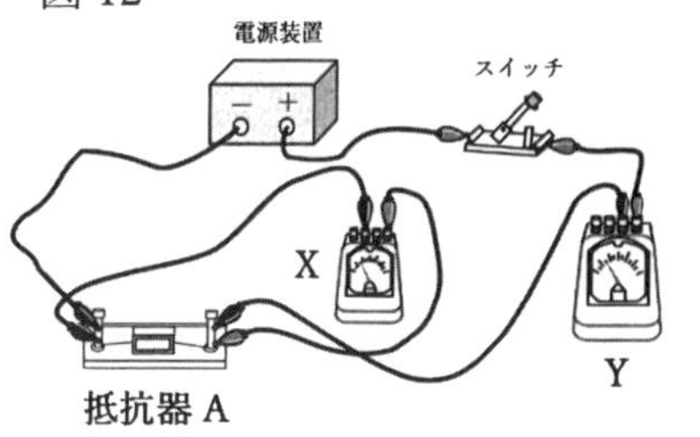

（1）図 12 で，電圧計は X, Y のどちらか。

（2）【実験】の結果から，抵抗器 A の抵抗の値は何Ωか。

（3）【実験】で使用した抵抗器 B の両端に 5.0V の電圧を 4 分間加え続けた。抵抗器 B で消費された電力量は何 J か。

3　物体にはたらく力と運動の関係を調べた【実験】を読んで，あとの問いに答えなさい。
ただし，小球にはたらく摩擦や空気の抵抗はないものとする。

【実験】

①　図 13 のように，目盛りのついたレールを用い，斜面と水平面をつくった。

②　小球を斜面の点 P の位置に置き，動画撮影アプリを用いて撮影を開始してから静かに手をはなした。小球は途中で斜面から水平面に達し，そのまま運動を続けた。

③　アプリのコマ送り機能を用いて，斜面上の 0.1 秒ごとの小球の位置を読みとり，表にまとめた。

時間[秒]	0	0.1	0.2	0.3	0.4
点 P からの距離[cm]	0	1.8	7.2	16.2	28.8

図 13

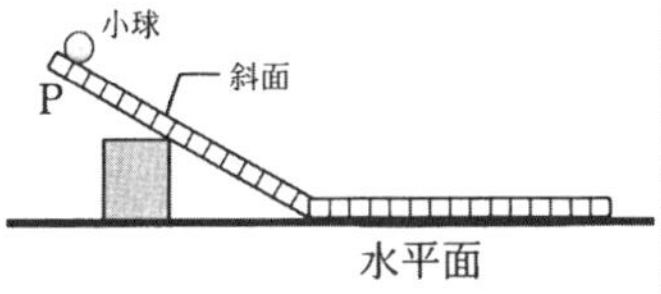

（1）【実験】③より，0.3 秒から 0.4 秒の間の小球の平均の速さは何 cm/s か，答えなさい。

（2）【実験】②で，小球は水平面に達した後，一定の速さで一直線上を動いた。この運動を何というか。

1　次の 1, 2 の問いに答えなさい。

1　消化酵素についての【実験】【結果】【考察】を読んで，あとの問いに答えなさい。

【実験】

①　図 1 のように，デンプンをふくむ寒天にヨウ素液を加えて青紫色にし，ペットボトルのふた A, B に少量入れて固めた。

②　A には水をふくませたろ紙を，B にはだ液をふくませたろ紙をそれぞれ上に置いた。

③　A, B を約 40℃の湯に入れて 10 分間あたためた。

図 1

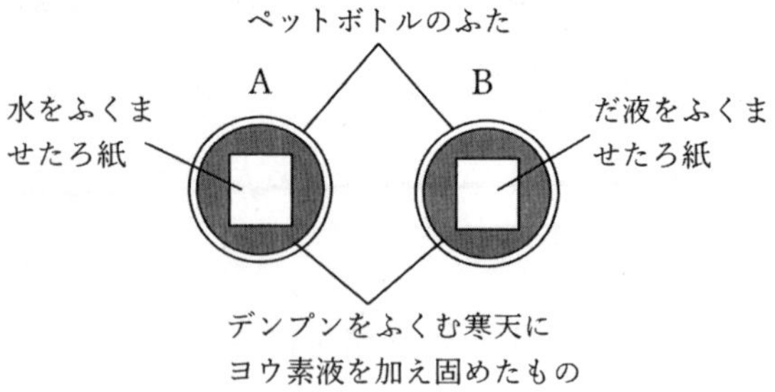

【結果】

ろ紙を取り除いたところ，ペットボトルのふた A のろ紙の下の部分は [あ] が，ペットボトルのふた B のろ紙の下の部分は [い] 。

【考察】

ペットボトルのふた B は，[a]だ液にふくまれる消化酵素のはたらきにより，デンプンがなくなったことがわかった。デンプンが主成分であるご飯をかんでいると甘くなってくることから，デンプンが[b]糖に変わったのではないかと考えた。

（1）【結果】について，[あ]，[い] に当てはまる語句の組み合わせとして，適当なものを右のア～エの中から 1 つ選び，記号で答えなさい。

	あ	い
ア	変化はなかった	変化はなかった
イ	変化はなかった	青紫色が消えた
ウ	青紫色が消えた	変化はなかった
エ	青紫色が消えた	青紫色が消えた

（2）下線部 a について，だ液にふくまれる消化酵素は何か，適当なものを次のア～エの中から 1 つ選び，記号で答えなさい。

ア　リパーゼ　　イ　トリプシン　　ウ　ペプシン　　エ　アミラーゼ

（3）下線部 b について，デンプンが糖に変わったことを確認するための方法を説明した次の文の（ う ），（ え ）に当てはまる語句をそれぞれ答えなさい。

糖がふくまれている水溶液に（ う ）液を加えて加熱すると，（ え ）色の沈殿が生じる。

2　（1）（2）について，あとの問いに答えなさい。

（1）次は，カエルの有性生殖についてまとめた内容の一部である。これを読んで，①，②に答えなさい。

カエルは，雌《めす》の卵巣で[a]卵がつくられ，雄《おす》の精巣《せいそう》で[b]精子がつくられる。卵と精子が受精すると受精卵ができる。受精卵は細胞の数を増やして [あ] になる。[あ] は形やはたらきのちがうさまざまな細胞になり，やがて個体としてのからだのつくりができあがっていく。受精卵から [あ] を経て成体になるまでの過程を発生という。

① 下線部 a, b のように，子孫を残すための特別な細胞を何というか。

② [あ] に当てはまる語句を答えなさい。

（2）図2は，生態系における炭素の循環を表したものである。
図2の →は，炭素をふくむ物質の移動を表している。
これについて，①，②に答えなさい。

図2

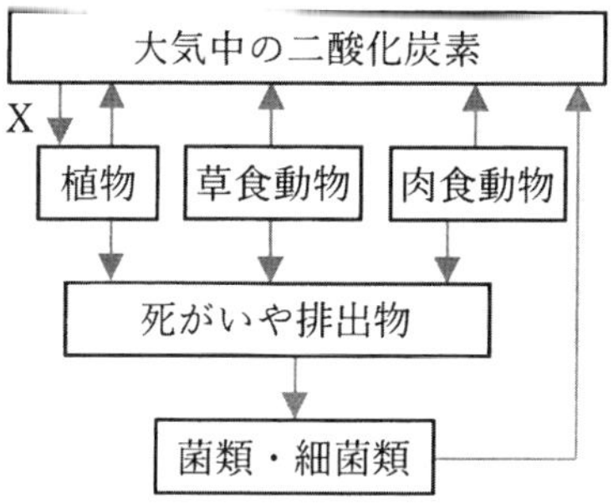

① 図2の→Xで示される炭素をふくむ物質の移動は，植物の何というはたらきによるものか，答えなさい。

② ①のはたらきにおいてつくり出される気体は何か。

2 次の 1, 2 の問いに答えなさい。

1 4種類の水溶液 A, B, C, D を区別するために，次の【実験】を行った。4種類の水溶液は，うすい塩酸，うすいアンモニア水，塩化ナトリウム水溶液，砂糖水のいずれかである。【実験】【結果】を読んで，あとの問いに答えなさい。

【実験】

① 図3のように，A の水溶液を，こまごめピペットを用いて，スライドガラスに1滴のせ，試験管に少量入れた。スライドガラスにのせた水溶液はドライヤーで乾燥させ，試験管の水溶液にはフェノールフタレイン溶液を数滴加えて，それぞれのようすを観察した。

② B, C, D の水溶液についても，それぞれ①と同じ操作を行った。

③ B, C の水溶液を特定するために，スライドガラスに残った白い物体を顕微鏡で観察した。図4は，B の水溶液を乾燥させて残ったもののスケッチである。

図3

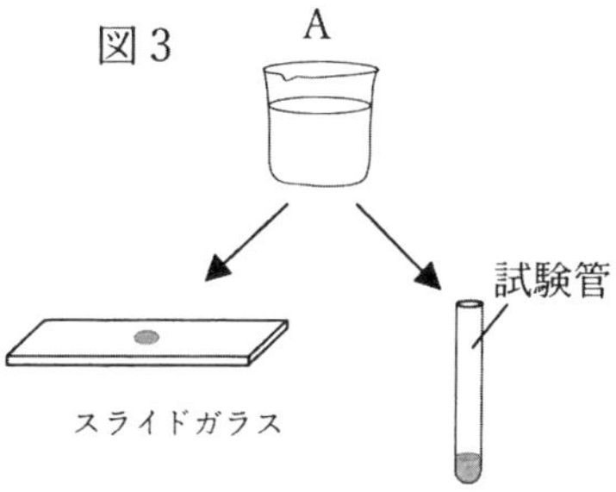

図4

【結果】

	A の水溶液	B の水溶液	C の水溶液	D の水溶液
水溶液を乾燥させた後のようす	何も残らなかった。	白い物体が残った。	白い物体が残った。	何も残らなかった。
フェノールフタレイン溶液による変化	変化しなかった。	変化しなかった。	変化しなかった。	[　　] に変化した。

（1）【結果】の表の [　　] に入る語句を，次のア～エの中から1つ選び，記号で答えなさい。

ア 黄色　イ 緑色　ウ 青色　エ 赤色

（2）A～D の水溶液の組み合わせとして適当なものを，次のア～エの中から 1 つ選び，記号で答えなさい。

	A の水溶液	B の水溶液	C の水溶液	D の水溶液
ア	うすい塩酸	砂糖水	塩化ナトリウム水溶液	うすいアンモニア水
イ	うすい塩酸	塩化ナトリウム水溶液	砂糖水	うすいアンモニア水
ウ	うすいアンモニア水	塩化ナトリウム水溶液	砂糖水	うすい塩酸
エ	うすいアンモニア水	砂糖水	塩化ナトリウム水溶液	うすい塩酸

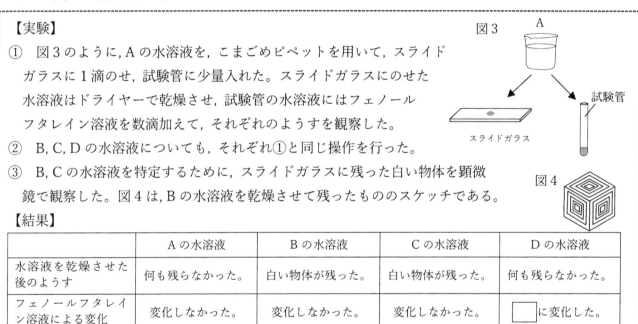

（3）【実験】で用いた4種類の水溶液は，純粋な物質，混合物のどちらか，答えなさい。

（4）【実験】で用いた砂糖水を，砂糖 25g，水 100g にとかしてつくったとすると，砂糖水の質量パーセント濃度は何%か，答えなさい。

2　中和について調べた【実験】【結果】を読んで，あとの問いに答えなさい。

【実験】

①　うすい硫酸 8 ㎤をそれぞれビーカーA, B, C, D に入れ，BTB 溶液を少量加えた。

②　次にうすい水酸化バリウム水溶液をビーカーA, B, C, D にそれぞれ 10 ㎤, 14 ㎤, 18 ㎤, 22 ㎤ 加えかき混ぜると，すべてに白い沈殿ができた。

③　ビーカーA, B, C, D の水溶液の色を調べた。

④　ビーカーA, B, C, D の水溶液をろ過し，②でできた白い沈殿をそれぞれ十分に乾燥させ，質量を測定した。

⑤　ビーカーA, B, C, D の水溶液をろ過した液から少量とり，マグネシウムリボンを入れて，気体が発生するか調べた。

【結果】

	A	B	C	D
うすい硫酸を入れる	8 ㎤	8 ㎤	8 ㎤	8 ㎤
うすい水酸化バリウム水溶液を加える	10 ㎤	14 ㎤	18 ㎤	22 ㎤
白い沈殿ができた後の水溶液の色	黄色	黄色	緑色	青色
白い沈殿の質量[g]	0.12	0.17	0.21	（　い　）
ろ過した液にマグネシウムリボンを入れたときのようす	（　あ　）が発生した	（　あ　）が発生した	変化しなかった	変化しなかった

（1）表の（　あ　）に入る気体は何か，化学式で答えなさい。

（2）【実験】②では，うすい硫酸とうすい水酸化バリウム水溶液のそれぞれの性質をたがいに打ち消し合う反応がおこる。この反応を何というか。

（3）（2）のようすを表す化学反応式を，次の［X］，［Y］をうめて完成させなさい。

$$H_2SO_4 + Ba(OH)_2 \rightarrow \boxed{\quad X \quad} + 2\boxed{\quad Y \quad}$$

（4）ビーカーD の液の性質として適当なものを，次のア～ウの中から1つ選び，記号で答えなさい。

ア　酸性　　イ　中性　　ウ　アルカリ性

（5）表の（　い　）の質量として適当なものを，次のア～ウの中から1つ選び，記号で答えなさい。

ア　0.21g より少ない。　　イ　0.21g である。　　ウ　0.21g より多い。

3　次の 1, 2 の問いに答えなさい。

1　日本のある地域で発生した地震について，地点 A～E のそれぞれにおける震源からの距離と，初期微動が始まった時刻および主要動がはじまった時刻を表にまとめた。表を見て，あとの問いに答えなさい。

地点	震源からの距離	初期微動が始まった時刻	主要動が始まった時刻
A	24km	11 時 26 分 56 秒	11 時 26 分 58 秒
B	36km	11 時 26 分 58 秒	11 時 27 分 01 秒
C	60km	11 時 27 分 02 秒	11 時 27 分 07 秒
D	84km	11 時 27 分 06 秒	11 時 27 分 13 秒
E	108km	11 時 27 分 10 秒	11 時 27 分 19 秒

（1）次の文は，初期微動と主要動について述べたものである。 ① ～ ③ に当てはまる語句または数字を答えなさい。

> 初期微動を伝える波を ① といい，主要動を伝える波を ② という。また, B 地点では，初期微動は ③ 秒間続いた。

（2）この地震の発生時刻は何時何分何秒か，求めなさい。

（3）この地震で，震源からの距離が 72km の地点の地震計で初期微動を感知し, 8 秒後に緊急地震速報が発信されたとする。このとき，地点 E では，緊急地震速報を受信してから主要動が始まるのは，何秒後だと考えられるか，求めなさい。ただし，緊急地震速報の発信から受信するまでにかかる時間は考えないものとする。

（4）震源が海底であった場合，海底の地形の急激な変化により発生した巨大な波が沿岸部に押しよせることがある。この巨大な波を何というか。

2　月と金星と太陽の位置に関する，あとの問いに答えなさい。

（1）図 5 は，月，地球，太陽の位置関係を模式的に表したものである。次の文の あ は図 5 の A～H の中から， い はあとのア～エの中からそれぞれ 1 つずつ選び，記号で答えなさい。

図 5

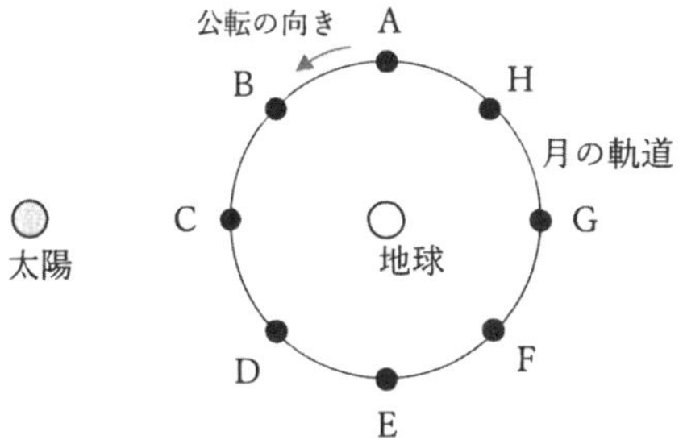

> 日食が起こるのは，月が あ の位置にあるときである。
> また，そのときの月の見え方は い である。

ア　上弦の月　　イ　下弦の月　　ウ　満月　　エ　新月

（2）図6は，金星の公転を模式的に表したものである。次の文を読んで，①，②，③の問いに答えなさい。

図6

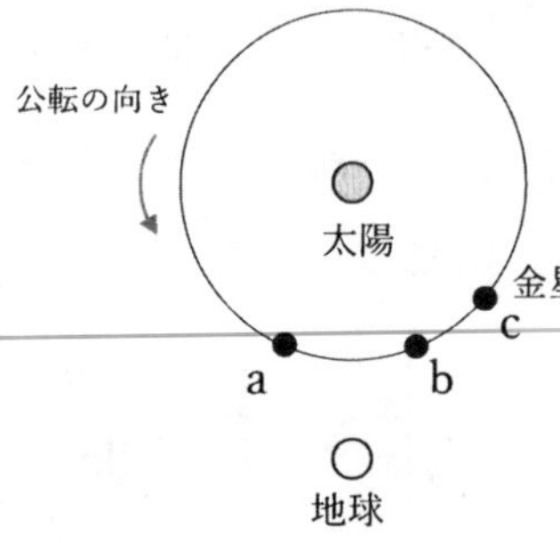

① ｛　｝内からそれぞれ適切な語句を選びなさい。

明け方，東の空に見える金星はあ｛ a，　b ｝，夕方，西の空に見える金星はい｛ a，　b ｝である。また，<u>金星は真夜中に観測できない</u>。

② 図6のcの位置にある金星を地球から見たときの形を，点線を利用して解答欄に作図しなさい。ただし，肉眼で見えたとしたときの向きでかくこと。

③ 下線部について，理由を「地球」「公転」という2つの語句を用いて答えなさい。

4　次の1，2の問いに答えなさい。

1　電流についての【観測】を読んで，あとの問いに答えなさい。

【観測】

① 図7のように，プラスチックのストローをティッシュペーパーでこすると，ストローには－の電気がたまった。

図7

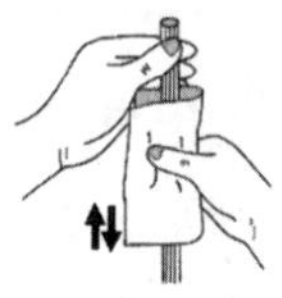

② 真空放電管に図8のように，電極a，bに誘導コイルをつなぎ，誘導コイルの電源を入れて大きな電圧を加えると，電極aから電極bに向かって出ている陰極線が観測できる。

図8

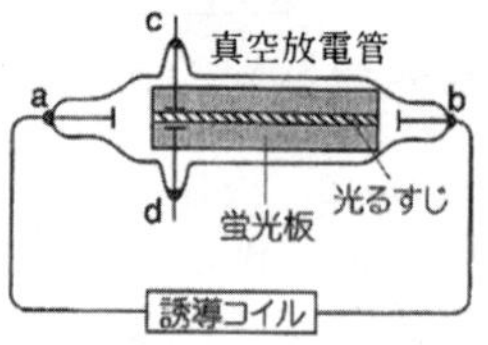

（1）【観測】①について，ティッシュペーパーが帯びる電気について述べた文として，適当なものを次のア～ウの中から1つ選び，記号で答えなさい。

ア　ティッシュペーパーは電気を帯びない。

イ　ティッシュペーパーはストローが帯びた電気と同じ－の電気を帯びる。

ウ　ティッシュペーパーはストローが帯びた電気と異なる＋の電気を帯びる。

（2）【観測】①のように，ちがう種類の物質を摩擦することで，物質にたまる電気を何というか。

（3）【観測】②からわかることについて述べた文の｛　｝内から，それぞれ適当な語句を選び答えなさい。

陰極線の進む向きから，誘導コイルの＋極につないだのはあ｛ 電極 a，　電極 b ｝であり，誘導コイルと真空放電管をつなぐ導線の中を電子が移動する向きは，誘導コイルから流れる電流の向きとい｛ 同じ，　逆 ｝である。

（4）【観測】②で，別の電源を用意し，電極 c に－極，電極 d に＋極をつないで電圧を加えると，陰極線が－の電気をもつことが確認できる現象が起こる。この現象について述べた文として適当なものを，次のア～エの中から 1 つ選び，記号で答えなさい。

ア　陰極線が蛍光板全体に広がる。
イ　陰極線が見えなくなる。
ウ　陰極線が電極 c のほうにひかれて曲がる。
エ　陰極線が電極 d のほうにひかれて曲がる。

2　仕事の大きさを調べるために定滑車と動滑車を用いて【実験】を行った。これについて，あとの問いに答えなさい。ただし，100g の物体にはたらく重力の大きさを 1 N とする。定滑車，動滑車，ひも，ばねばかりの質量や摩擦は考えないものとする。

【実験】
① 図 9 のような装置を用いて，質量 800g の物体を一定の速さ 2cm/s で，物体の底面の位置が床から 30cm の高さになるまで引き上げた。
② 図 10 のような装置を用いて，質量 800g の物体をある一定の速さで，物体の底面の位置が床から 30cm の高さになるまで引き上げた。

図 9
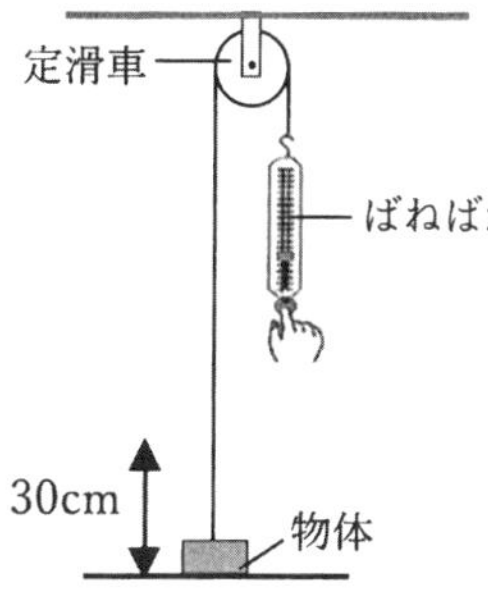

図 10
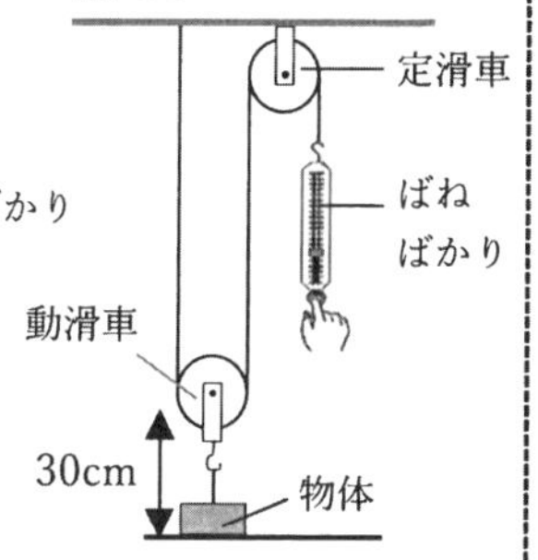

（1）【実験】①で，物体を 30cm 引き上げるときの仕事の大きさは何 J か。

（2）【実験】①で，仕事率は何 W か。

（3）【実験】②で，ばねばかりの目もりの値と引く距離について説明した次の文の{　}内から，それぞれ正しい語句を選びなさい。

図 10 は，図 9 に比べてばねばかりの目盛りの値は あ{ 変わらず，半分になり }，引く距離は い{ 半分，2 倍 }になる。

（4）【実験】①，②の仕事率が等しいとき，②のばねばかりを引く速さは何 cm/s か。

国語—1

一　次の傍線部分について、漢字は読みをひらがなで書き、カタカナは漢字に直して書きなさい。

1　日が暮れる。
2　腕前を競う。
3　会議が円滑に進む。
4　本の返却を催促する。
5　詳しい説明をハブく。
6　雨がハゲしく降る。
7　難しい状況をダハする。
8　情報のカクサンを防ぐ。

二　次の文章を読んで、あとの問いに答えなさい。

二十世紀半ば頃までの日本では、①女性は結婚して家庭に入り、家庭を守るものという考え方が社会の中に浸透していました。そのような考え方が浸透していたのは、国家は優秀な男性により形成されるという考え方が背景にあったからです。優秀な男性を支えたり育てたりするのは女性の役割でした。妻として夫を支え、母として子供を立派に②育てることで女性は社会に貢献しなければならなかったのです。そのような社会全体の考え方の中において、女性が小学校を卒業した後、男性と同じように進学することはまれなことでした。たとえ、高等女学校へ進学したとしても、そこでは「家事」「裁縫」などの教科を学び、卒業後の就職先は「家庭」というのが大半だったのです。

つまり、女性が進学をして学ぶことの意義は、家庭に入り、良き妻、良き母になるための勉強だったのです。また、社会の中で働くことも障壁がありました。女性にとって進学もまれな時代、家庭の外で男性のように会社員などとして働くことは、賃金や労働条件などの面からも難しかったのです。

今の時代、女性が自分の意思で高校、大学へ進学することは可能です。そこでは、「数学」「科学」「音楽」「体育」など幅広く、男性と同様に教養を身に付けることができます。卒業後は、男性と同じ待遇で希望する企業に入社し、希望する職種に就くことも可能です。1985年には「男女雇用機会均等法」という法律も作られ、女性たちが社会の中で働くことを後押ししました。女性は夫を支え子どもを育てるという家庭内だけの役割から、家庭のみならず社会の中で、かつ自分の意思で活躍することができるようになったのです。

このように女性の立場は、二十世紀半ば頃までの日本と、今とでは大きく変革しました。この変革の礎を築いた女性がいます。その女性は、今年から五千円札に描かれている津田梅子です。梅子は当時の女性の教育機関が良妻賢母を育てるものであったことに大きな疑問を抱きました。そのため、自ら学校を設立しました。梅子が設立した学校は、③それまでの学校とは主旨が大きく異なるものでした。この学校では、先に述べた「家事」「裁縫」ではなく、レベルの高い「英語」を学ぶことができました。この学校の生徒たちは英語教師を目指し、卒業後は日本各地で英語の教師として働き始めました。同時に、梅子は留学や国際交流の橋渡しも積極的に行い、「英語」の習得のみならず、視野の広い女性を育てることに重きを置きました。学校設立を通して、梅子は女性たちが自らの意思で多くを学び、視野を広げ、自立するための力を蓄えるべきであることを伝えることに④ジンリョクしました。

梅子の意思は、現在「津田塾大学」に根付いています。その大学で学ぶ女子学生のみならず、多くの日本女性たちにも□と受け継がれています。

1　傍線部②「育てる」の活用の種類を、次のア〜ウから一つ選び、記号で答えなさい。

ア、五段活用　　イ、上一段活用　　ウ、下一段活用

2　傍線部④「ジンリョク」の正しい漢字を、次のア〜エから一つ選び、記号で答えなさい。

ア、人力　　イ、神力　　ウ、尽力　　エ、陣力

3　傍線部①について、その理由を説明した次の文の［　］に共通する語句を五字で書きなさい。

> 国家は［　］によって成り立っており、その［　］を支えたり育てたりするのが女性だと考えられていたから。

4　傍線部③ついて、梅子が設立した学校はどのような主旨であったか。次の文の［　］に適切な語句を五字で書きなさい。

> 卒業生が日本各地の英語教師になるほどのレベルが高い「英語」を教えるだけではなく、［　］女性を育てることに重点が置かれた。

5　本文中の［　］に入る適切な語句を、次のア～エから一つ選び、記号で答えなさい。

ア、脈々　　イ、淡々　　ウ、堂々　　エ、深々

6　本文の内容に合うものを、次のア～エから一つ選び、記号で答えなさい。

ア、二十世紀半ば頃までは、男子も女子も小学校卒業後の進学は難しかった。

イ、二十世紀半ば頃までの高等女学校では、家庭に入り良き妻、良き母になるために「家事」「裁縫」の教科を学んだ。

ウ、津田梅子が設立した学校では英語を主に教えたが、基礎となるのは良き妻になるための「家事」「裁縫」の教科であった。

エ、津田梅子が設立した学校で英語を学んだ学生の多くは、海外で日本語教師として活躍した。

三　次の文章を読んで、あとの問いに答えなさい。

日本には約50種類のホタルが生息しています。なかでも代表的なのが、ゲンジボタルとヘイケボタルです。ホタルの語源は「火垂る」とも言われています。線香花火の火がポタッと落ちるときのように、ホタルの光り方が似ているからのようです。［㋐］、ゲンジボタルとヘイケボタルの名前の由来は、日本の歴史に関係しています。その昔、源氏と平家が合戦を繰り広げていた時代がありました。種の違うホタルの集団が光を放つようすが、①まるで源氏と平家の魂が亡くなった後も合戦を繰り広げているかのように見えることから、そのような名前が付けられたと言われています。

②ゲンジボタルとヘイケボタルにはいろいろな違いがみられます。まず、光り方が違います。ゲンジボタルは大きくゆっくり光ったり消えたりします。一方、ヘイケボタルは小さく短い間隔で光ったり消えたりします。どちらのホタルも初夏に現れますが、ゲンジボタルの方がヘイケボタルより2週間ほど早く現れ、ヘイケボタルはその後です。ホタルの成虫の寿命は1、2週間ほどなので、長い期間同時に見ることはできないのです。また、現れる場所も少し違います。ゲンジボタルはゆるやかな流れのある小川、ヘイケボタルは流れのない水田やため池です。（Ⅰ）

［㋑］、現れる時期や場所の違いを考えると、これらのホタルが源氏と平家の魂が合戦を繰り広げているかのように見える場面に出会うことは希少なことかもしれません。（Ⅱ）

ゲンジボタルとヘイケボタルにはいくつかの違いはありますが、ホタルたちが光る理由は同じです。子孫を残すためです。そのためには、結婚相手を見つけなければなりません。オスは暗い中、光りながら舞うことでメスに存在をアピールします。メスも弱い光を出し、自分の居場所をオスに知らせます。（Ⅲ）

ところで、③ホタルが私たちの前に姿を見せるのは1、2週間の成虫の間だけですが、ホタルの幼虫は9か月くらいの長い期間水中で過ごします。幼

虫のころは巻貝の仲間であるカワニナなどをエサとして育ちます。そのカワニナなどが生息できる自然環境が少なくなるとホタルの幼虫も育たず、ホタルの成虫も減っていきます。また、暗闇がないとホタル同士の光を見つけることができずに結婚に至りません。しかし、小川や水田の減少、生活排水、河川の工事、市街地の明かりの影響などでホタルの生息場所は狭められています。（Ⅳ）

何といってもホタルが私たちを魅了するのは、闇夜に舞うホタルの光です。これからも永遠にホタルの光の舞いを私たちは夏の風物詩として楽しみたいものです。

1　傍線部①「まるで」の品詞を、次のア～エから一つ選び、記号で答えなさい。

ア、形容詞　イ、形容動詞　ウ、副詞　エ、連体詞

2　㋐、㋑に入る適切な語句の組み合わせを、次のア～エから一つ選び、記号で答えなさい。

ア、㋐しかし　㋑このように　イ、㋐また　㋑このように

ウ、㋐しかし　㋑逆に　エ、㋐また　㋑逆に

3　傍線部②について、次の文章の あ 、 い に入る適切な語句を答えなさい。

> ゲンジボタルとヘイケボタルの成虫は、［　あ　］、現れる時期、［　い　］などの違いがあります。

4　次の文章は本文中（Ⅰ）～（Ⅳ）のどこに入るか、適切な場所を（Ⅰ）～（Ⅳ）から選び、記号で答えなさい。

> ホタルが生息できる豊かな自然環境を私たちが守る必要があるのです。

5　傍線部③について、ホタルの幼虫が育つにはどのような自然環境が必要か。次の文章の［　］を十二字でうめて完成させなさい。

> ［　　　　　　　　　　　　］自然環境。

6　本文の内容に合うものを、次のア～エから一つ選び、記号で答えなさい。

ア、ゲンジボタルとヘイケボタルの名前は、源氏と平氏が争っていた時代に名付けられた。

イ、ゲンジボタルの成虫がヘイケボタルの成虫より早く現れるのは、幼虫である期間がヘイケボタルより短いためである。

ウ、ホタルが光る理由は、オスはメスにアピールし、メスは居場所をオスに知らせることで結婚相手を見つけ、子孫を残すためである。

エ、小川や水田の減少で、ホタルの生息場所は狭められてはいるが、市街地の明かりがホタルにどのような影響を与えているかはわからない。

四　次の古文を読んで、あとの問いに答えなさい。

※1博雅《ひろまさ》の三位《さんみ》の家に盗人入りたりけり。※2三品《さんぼん》、板敷《いたじき》（板が張ってある床）の下に逃げ隠れにけり。盗人帰り、さて後、はひ出《い》でて家中を見るに、残りたる物なく、みなとりてけり。※3ひちりき一つを、※4置物厨子《おきものづし》に①残したりけるを、三位とりて吹かれたりけるを、出でて去りぬる（(家から) 逃げ去った）盗人はるかに②これを聞きて、感情《かんせい》③おさへがたくして帰り来たりて④言うやう、「ただ今の御《おん》ひちりきの音をうけたまはるに、あはれにたふとく候《さうら》ひて（しみじみと心打たれるほど尊くございまして、）、悪心みなあらたまりぬ。とる所の物どもことごとくに返したてまつるべし（お返し申し上げましょう）」と言ひて、みな置きて出でにけり。

昔の盗人は、またかく優なる心もありけり。

（『古今著聞集』より）

（※1）博雅の三位　…　源博雅
　　従《じゅ》三位という地位だったので、博雅の三位とよばれた
（※2）三品　…　三位と同義で博雅のこと
（※3）ひちりき　…　雅楽《ががく》に用いるたて笛
（※4）置物厨子　…　置物用の棚

1　傍線部①の動作の主語として、最も適当なものを次のア～エから一つ選び、記号で答えなさい。

　ア、博雅の三位　　イ、盗人　　ウ、みな　　エ、ひちりき

2　傍線部②が指しているものを、本文中から七字で抜き出して答えなさい。

3　傍線部③、④を現代仮名遣いに改めて、すべてひらがなで書きなさい。

4　本文中の「盗人」の心の変化を表したものとして、最も適当なものを次のア～エから一つ選び、記号で答えなさい。

　ア、欲望→同情→罪悪感　　イ、欲望→感動→改心
　ウ、悪心→同情→罪悪感　　エ、悪心→感動→改心

5　本文の内容に合うものとして、最も適当なものを次のア～エから一つ選び、記号で答えなさい。

　ア、三位は盗人を捕まえようと追いかけたが、見失ってしまった。
　イ、三位は盗人からひちりきだけは取り返すことができた。
　ウ、盗人はひちりきを盗み忘れたことをひどく後悔した。
　エ、盗人は三位の家から盗んだものをすべて本人に返した。

五

次の資料と三人の話し合いを見て、あとの問いに答えなさい。

資料　「気に入って応援している人や物」といった意味で「推し」と使うことがあるか

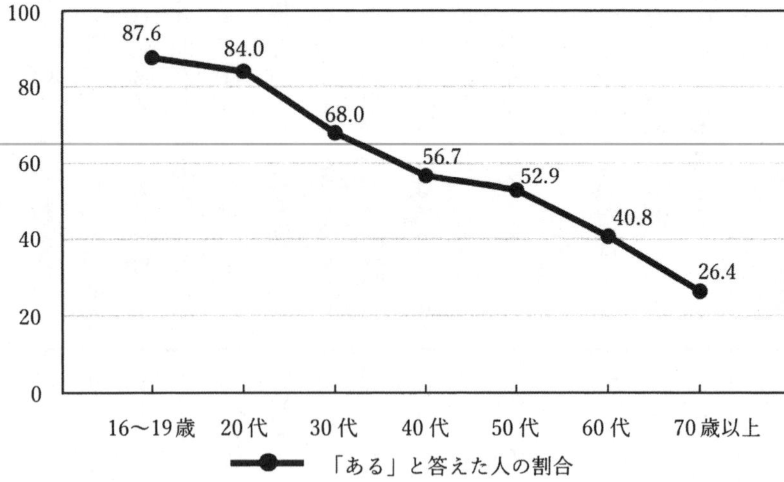

（「令和4年度国語に関する世論調査」より作成）

【話し合い】

A君　先日の授業で、先生が「○○を推す」という動詞を「推し」のように名詞として使っている人が多いと言っていましたね。

Bさん　はい。気になったのでインターネットで調べたところ、文化庁が行った世論調査の結果を見つけました。

Cさん　最近、この言葉は新しい辞書にも掲載されたそうなので、同年代でも使うことがない人がいることには驚きました。

A君　□

Bさん　私自身は使うことはないのですが、普段から友達との会話でよく使われているので、意味は理解できます。

Cさん　私はよく使います。最近はテレビ番組でも耳にすることが多いです。「推し」がタイトルに入ったアニメが話題になったから、もっと多くの人が使っていると思っていました。

A君　確かにそうですね。先日の先生のお話を聞くまで、私は「推し」は昔から使われてきた言葉なのだと思っていました。

Bさん　時代によって使われ方が変わってくる言葉があるなんて、とてもおもしろいですね。

1　話し合いの傍線部「言っていました」を正しい敬語に直しなさい。

2　話し合いの二重傍線部「掲載」と同じ構成の熟語を、次のア～エから一つ選び、記号で答えなさい。

ア、道路　イ、未来　ウ、加熱　エ、緩急

3　話し合いの□に入る内容として、最も適当なものを次のア～エから一つ選び、記号で答えなさい。

ア、みなさんはどの年代に該当しますか。
イ、ほかに気になる資料を見つけてきた人はいますか。
ウ、みなさんは名詞として「推し」を使うことがありますか。
エ、みなさんは「推し」のほかにこれまでとは違った、新しい使い方をされている語句を知っていますか。

4　言葉の使い方について、次の条件に従ってあなたの考えを書きなさい。

〈条件〉・二段落構成とし、一段落目は資料から読み取ったことを書くこと。二段落目では、前の段落を踏まえて、言葉の使い方についてあなたの意見を書くこと。
・題名や氏名は書かないで、一行目から縦書きで書くこと。
・原稿用紙の使い方に従って、八行以上十行以内で書くこと。

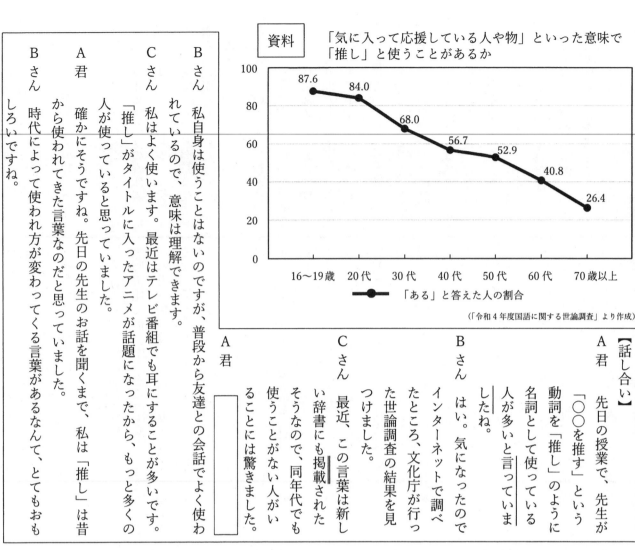

一　次の文章を読んで、あとの問いに答えなさい。

「もしかして、拓真君？」　突然話しかけられ、僕は①眉間《みけん》にしわを寄せた。

大学二年の終わりの春休み、近くの図書館で借りた本をこの喫茶店で読む。最近、予定がない日のルーティーンになりつつある。声に反応して、本から顔を上げると、そこには肩までの黒い髪に、これまた黒の※リクルートスーツを着た女性が立っていた。

「えぇーと・・・」

「覚えてないかな？　わたし、真由。御坂《みさか》真由」

「あっ、中一のとき同じクラスだった！」　さっきまでの態度とは打って変わって、僕は読んでいた本を閉じて、久しぶりの再会を喜んだ。

当たり前だが、中学のころと比べるとずいぶん大人っぽくなっていた。本当に御坂さんなのか、と少し㋐疑ったが、「ここ、座っていい？」と問いかけたのに、僕が答える前に対面に座り、店員さんにブレンドコーヒーを注文したのを見て御坂さんだと㋑カクシンした。

中学の思い出話や大学の話など、御坂さんのペースでⓐとりとめのない話をひと通りしたあと、ようやく僕から話をふれる番が来た。

「どうしてスーツ着ているの？」

「化粧品会社の※インターンシップに行ってるの。明日までなんだけどね。拓真君はどうするの？㋒シュウショク」

おおよそ予想していた答えが返ってきた。が、実際にそう聞くと焦る。同級生たちはもう自分のやりたいことを決めて、次のステージに進むための準備をしていることを実感する。

お客さんが少なくなってきた②らしい。静かになってきた店内でこんな話をするのは少し嫌だったが、中学生になったばかりの僕に手を差し伸べてくれた御坂さんに、次いつ会えるかわからないと思い、話した。

「まだ何もしてない。人の役に立つ仕事につきたいとは思うんだけど、公務員しか思い浮かばなくて。でも、公務員は父親と同じだから少し嫌だなーっても思ってて・・・」

御坂さんがⓑ神妙な顔つきになり、持ち上げたコーヒーカップを置いた。

「公務員って言ってもさまざまな仕事があるのよ。ちゃんと調べた？」

そうきっぱりと言われて、思わず御坂さんの顔を［　　］見た。御坂さんは一瞬、何よと渋い顔をしたが、話を続けた。

「それに、わたしはどんな仕事でも人の役に立ってると思うよ。教師がいなければ生徒は困るし、清掃員さんがいなければ町は汚くなってみんな困る。怪しげなブレスレットを売っている人がいなければ、それを信じている人が困るわよ。」

「最後のは極端じゃないか？」　僕は思わず笑ってしまった。

「ちょっと大げさに言ったのよ。それくらい人の役に立たない仕事はないってこと」

「なるほどね。じゃあどんな仕事を探せばいいんだろう」

「拓真君は本好きそうだし、出版社とかいいと思うわよ」

その言葉を聞いて、③自分の周囲の景色が急に明るくなった気がした。やっぱりこの人は御坂さんだった。普段はふざけてばかりいるが、よく人のことを見ていて、僕が欲しい言葉をくれる。出版社で働くことも考えていたが、一歩踏み出せないでいた。僕はやりたいことが見つかってないわけではなく、誰かに背中を押してもらいたかっただけだったのだ。

もし、今日御坂さんに会えていなかったら、と考えるとぞっとした。それと同時に、約八年前の気持ちが胸に迫ってきて、あのとき素直に言えなかった言葉が思わず口から出てしまった。

「僕、中学でこっちに引っ越してきて友達いなかったから、御坂さんが声をかけてくれてうれしかったんだ。ありがとう」

自分で言っておいて、急に恥ずかしくなり、御坂さんから視線を外した。

御坂さんはしばらくこっちをじっと見つめたあと、顔をくしゃっとして「どうしたの突然？」と笑って言った。

（注）※リクルートスーツ…大学生などが、会社の面接などで着るスーツ
※インターンシップ…大学生などが、興味のある企業などで実際にはたらいたり、訪問したりする職場体験

1　二重傍線部㋐～㋒について、漢字はその読みをひらがなで書き、カタカナは漢字に直して書きなさい。

2　傍線部①について、このときの僕の様子として正しものを、次のア～エから一つ選び、記号で答えなさい。

ア、喫茶店のコーヒーの味に納得がいかない様子。
イ、自分の話ばかりする御坂さんに困っている様子。
ウ、読書中に話しかけられ、迷惑そうにしている様子。
エ、失礼な店員さんの態度にイラだっている様子。

3　破線ⓐ、ⓑの本文中での意味として最も適当なものを、ⓐはア～エから、ⓑはオ～クからそれぞれ一つずつ選び、記号で答えなさい。

ⓐ
ア、まとまりがない
イ、緊張感がない
ウ、関わりたくない
エ、よくわからない

ⓑ
オ、不思議に思って怪しがっている顔つき
カ、緊張して落ち着かない顔つき
キ、あきらめ悟っている顔つき
ク、普段と違っておとなしい顔つき

4　傍線部②について、これと同じ意味・用法のものを、次のア～エから一つ選び、記号で答えなさい。

ア、かわいらしい子犬がこちらに走ってくる。
イ、今年の冬は寒くなるらしい。
ウ、社会人らしい服装をこころがける。
エ、彼の成績はいつもすばらしい。

5　本文中の□に入る語句として最も適当なものを、次のア～エから一つ選び、記号で答えなさい。

ア、すやすやと　イ、まじまじと　ウ、さらさらと　エ、めきめきと

6　傍線部③について、このときの「僕」の説明として最も適当なものを、次のア～エから一つ選び、記号で答えなさい。

ア、御坂さんが思っていた以上に真剣に答えてくれたので、驚きを隠せないでいる。
イ、自分の悩みを親身になって聞いてくれた御坂さんに対して、どうやってお礼をすればいいか迷っている。
ウ、ろくに調べもしないで、親と同じ公務員になりたくないと言ってしまったことをひどく後悔している。
エ、御坂さんの後押しで、自分の進みたい道が見えた気がして晴れやかな気持ちになっている。

二

次の文章を読んで、あとの問いに答えなさい。

食事や睡眠など、人間は毎日何かしら行動をしないと生きていけない。少し

大げさに言うならば、一瞬たりとも行動しないということはありえないのだ。ときに、「きのうは一日何もしないでゴロゴロしていた」という人がいるが、「ゴロゴロしていた」ということが一つの行動である。そして、その行動は個人の考えのもと選択される。例に挙げた人物は、㋐自ら「ゴロゴロする」という行動を選択したのだ。

　私たち人間は他の動物には類を見ないほど大きな脳を持っており、この大きな脳で行動を選択する自由も持っている。①この点が人間と人間以外の動物との大きな相違であると言えよう。選択の自由は大きな脳を持った人間だけに許された特権である。人間以外の動物はただ本能によって行動しており、行動を選択しているわけではない。だから、人間だけが自由な存在だと言える。

　□、自由に行動を選択できるはずの人間は、その行動を自分の意思に反して、外的要因によって決定させられていることが多い。人間は理性を持っている。人間は自分が本能のままに行動すると、周りの人や社会にどのような影響が出るかなどを考えることができる。それにより本当に自分がしたいことを諦めたり、別の行動をとったりすることも多くある。他人の事を思いやるがあまり、自分の行動に制限をかけてしまい、ストレスを抱えてしまう人が多いのではないだろうか。他人に気をつかうことができるということはすばらしいことなのだが、過剰に気をつかいすぎては自分が疲れてしまうのだ。

　人間が他の動物のように、本能のままに行動するということは決して悪いことではⓐない。その行動は自分の欲を満たすということである。何かを得たい、もっと効率よく進めたい、楽したい、などと思うからこそ、その実現に向けて行動することになる。欲は人間の生きるエネルギーであり、科学や文明の発展の大きな力となる。ただし、自分が本能のままに選択した行動によって、周りの人や社会にどのような影響が出るかは考えなければならⓑない。自分が自由に行動したいなら、他人の自由や行動も㋑尊重しなければならない。車で例えるならば、欲をエンジンやアクセル、理性をハンドルやブレーキとして用いることが大切である。アクセルを踏み続けては、他車に迷惑がかかったり事故を起こしたりする。逆にブレーキを踏み続けていると、いつまでも目的地にたどり着かⓒない。思い切ってハンドルを回して別の道を探して、目的地を目指したり、目的地を変更したりすると、新たな発見があるかもしれⓓない。そうやって自分の本能や理性をうまくコントロールしていくとよいだろう。

　インターネットが㋒フキュウした現代では、②自分の芝生をデコレーションしまくる他人たちを見つつ、自分に自信を持てない人が多くいる。自分の価値観を捻じ曲げてまで、他人の意見に合わせて自分の行動を決めてしまうような人だ。この行動は理性によって選択されたものである。集団の中で生活していくにはこのような行動も時に必要である。ただ、誰でも隣の芝生は青く見えるものである。他人が持っているものや着飾ったものがよく思え、自分の持っているものに気づかず、悪い面ばかり気になってしまってはよくない。自分は自分でしかないのだから、そのような感情になったら、自分を見つめ直してほしい。自分で自分を肯定し、自分の行動は自分で決めるようにしたほうがより後悔は少なくなる。人間が自由に行動を選択できる権利を保有している限り、私たちは行動を選び、自分の生き方を決定する根本的な考え方を持っていなければならない。それが自分の理念や精神となって、本能と理性のバランスをとってくれるようになるだろう。

1　傍線部㋐〜㋒について、漢字はその読みをひらがなで書き、カタカナは漢字に直して書きなさい。

2　傍線部①について、人間と他の動物の間にある相違についてまとめた次の文の（ i ）に入る語句を本文中から二字で、（ ii ）に入る語句を本文中から九字でそれぞれ抜き出しなさい。

　他の動物は（ i ）で行動しているだけだが、人間は（ ii ）を持っているという点。

3　本文中の□に入る語句として最も適当なものを、次のア〜エから一つ選び、記号で答えなさい。

ア、つまり　　イ、もし　　ウ、しかし　　エ、もちろん

4　二重傍線部ⓐ〜ⓓの「ない」のうち、品詞が他とは異なるものを一つ選び、記号で答えなさい。

5　傍線部②について、この具体例として正しいものを、次のア〜ウから一つ選び、記号で答えなさい。

ア、他人の気を引こうと、食べてもいない高級料理の写真をネットから集め、自分が撮ったかのように装う。

イ、自分と同じ趣味を持つ他人をネット上で探し、仲良くなるためにメッセージを送る。

ウ、過度な承認欲求を満たすために、自分の持ち物を見せびらかし、他人の所有物にはケチをつける。

6　本文の内容に合うものを、次のア〜エから一つ選び、記号で答えなさい。

ア、人間は毎日行動しているが、その行動はすべて外的要因によって決定されている。

イ、人間は理性を持っているから、他の動物のように本能のままに行動することは決してない。

ウ、目的地までの道のりが渋滞しているとわかっているなら、車では行かず、自転車で行くとよい。

エ、行動は他人の意見によって決めるよりも、自分で選択したほうが後悔は少ない。

三　次の漢詩を読んで、あとの問いに答えなさい。

秋風引

劉《りゅう》禹《う》錫《しゃく》

【白文】

何処秋風至
蕭蕭送雁群
朝来入庭樹
孤客最先聞

【書き下し文】

何《いづ》れの処《ところ》より秋風至《いた》る
蕭蕭《しょうしょう》として雁群《がんぐん》を送る
朝来庭樹《ちょうらいていじゅ》に入《い》りて
孤客《こきゃく》最も先に聞く

1　この漢詩の形式として最も適切なものを、次のア〜エから一つ選び、記号で答えなさい。

ア、五言絶句　　イ、五言律詩　　ウ、七言絶句　　エ、七言律詩

2　書き下し文を参考にして、傍線部に返り点を付けなさい。

四　次の和歌を読んで、あとの問いに答えなさい。

見わたせば花も紅葉《もみじ》もなかりけり浦《うら》の苫屋《とまや》の秋の夕暮れ
藤原定家

1　この歌は何句切れの歌か、答えなさい。

2　この歌に使われている表現方法を答えなさい。

五 あとの問いに答えなさい。

1 次の傍線部分について、漢字は読みをひらがなで書き、カタカナは漢字に直して書きなさい。

(1) ボールが弾む。　(2) 世界平和を祈念する。

(3) 楽器をエンソウする。　(4) コーヒーにサトウを入れて飲む。

2 次の行書で書かれた漢字を楷書で書くときの総画数と同じ総画数である漢字を、次のア～エから一つ選び、記号で答えなさい。

祝

ア、約　イ、通　ウ、往　エ、焦

3 次の文と文節の数が同じ文を、次のア～エから一つ選び、記号で答えなさい。

父と母は買い物に行っています。

ア、この問題は難しくない。

イ、日陰の涼しいところで過ごす。

ウ、山本さんはピアノを弾くのが得意だ。

エ、彼はにこやかな表情で話している。

六 次の資料は、ある生徒がメディアについて発表した資料の一部である。

世の中のできごとや動きについて知るために最も利用するメディア

	いち早く知る		信頼できる情報を得る	
	2012 年	2022 年	2012 年	2022 年
テレビ	63.7%	37.3%	59.3%	53.1%
インターネット	29.5%	60.1%	14.5%	30.8%
新聞	3.9%	1.3%	21.6%	12.7%
ラジオ	2.4%	0.8%	1.3%	0.8%
その他	0.5%	0.5%	3.3%	2.6%

（総務省　情報通信メディアの利用時間と情報行動に関すると調査報告書より作成）

この資料から読み取ったことを参考に、「十年間でのメディアの利用の変化」について、あとの条件に従って、自分の考えをまとめて書きなさい。

〈条件〉

・題名や氏名は書かないで、一行目から本文を書くこと。

・文章は八行以上十行以内で書くこと。

・原稿用紙の正しい使い方に従って、縦書きで書くこと。

解答例　英語－1

1　A 1 ウ　2 イ　3 ア　　B 1 ウ　2 エ　3 ウ
C ① home　② popular　③ different　④ came to Japan last year

2　A 1 ウ　2 エ　3 ウ
B(解答例) ① I want to see the movie with you.　② I must (have to) help my mother.
C ① エ　② イ　③ ア

3　1 ① ア ② ウ　2 I have learned how to cook　3 She can cook miso soup.
4 たくさんの難しい漢字が使われていたので、私はメニューを読むことができませんでした。　5 エ

4　1 (解答例) ① He gave Mike a pamphlet of a museum.　② They met in front of the museum.
2 ㋐ written　㋑ seen　3 A イ　B ウ　C ア
4 ⓐ The museum is the best place to learn Japanese culture and history.
ⓑ They were made in the *Edo* period.　5 ウ

5　1 (解答例) ① She is twenty-four years old.　② They finished it at 9:30 a.m.　2 ウ
3 ㋐ She has worked at the flower shop for　㋑ teach you how to keep flowers beautiful
4 (解答例) ①毎日水をかえること。　② 古い葉を取り除くこと。　5 ウ

対訳 【リスニング問題】

1 － A

	【英文】	【対訳】
1	Nancy: When is your birthday, Ken ?	ナンシー：あなたの誕生日はいつですか、ケン。
	Ken : My birthday is September third. I will be fourteen years old.	ケン：私の誕生日は9月3日です。私は14歳になります。
	質問 : When is Ken's birthday ?	質問：ケンの誕生日はいつですか。
2	Mike : I hope it will be sunny tomorrow.	マイク：私は明日が晴れることを望みます。
	Yumi : Do you have any plans for tomorrow ?	ユミ：あなたは明日何か計画がありますか。
	Mike : Yes. I am going to go fishing with my brother.	マイク：はい。私は私の兄(弟)とつりに行くつもりです。
	Yumi : I'm sorry. It will be rainy tomorrow.	ユミ：お気の毒に。明日は雨でしょう。
	質問 : How will the weather be tomorrow ?	質問：明日の天気はどうなりますか。
3	Nancy: Ken, you look tired.	ナンシー：ケン、あなたは疲れて見えますね。
	Ken : Hi, Nancy. Yes. I am very tired today.	ケン：やあ、ナンシー。はい。私は今日とても疲れています。
	Nancy: Did you practice soccer hard ?	ナンシー：あなたは一生懸命サッカーを練習しましたか。
	Ken : No. I studied for a long time last night .	ケン：いいえ。私は昨夜長い時間勉強をしました。
	質問 : Why is Ken tired ?	質問：なぜケンは疲れていますか。

1 － B

	【英文】	【対訳】
1	Yumi : It's very hot today.	ユミ：今日はとても暑いです。
	Mike : Yeah. Do you want something to drink ?	マイク：ええ。あなたは何か飲むものが欲しいですか。
	チャイム : (Yes, please.)	チャイム：(はい、いただきます。)
	Mike : Can I borrow your eraser ?	マイク：あなたの消しゴムを借りてもよいですか。
	Yumi : Of course. Here you are.	ユミ：もちろんです。どうぞ。
	Mike : Thank you very much.	マイク：どうもありがとうございます。

チャイム　：(My pleasure.)	チャイム：(どういたしまして。)
3　Nancy：Have you ever been to America ?	ナンシー：あなたはこれまでにアメリカに行ったことがありますか。
Ken　：Yes.　I visited America last year.	ケン　：はい。私は昨年アメリカを訪れました。
Nancy：How was it ?	ナンシー：いかがでしたか。
チャイム　：(It was great.)	チャイム：(すばらしかったです。)

1 － C

【英文】

I have a friend in Itary.　His name is Andrew.　Last year, he came to Japan, and he stayed at my home for one month. One day, Andrew said to me, "Hey, Shin.　I want to see *suiboku-ga*."　I said, "Maybe you can see *suiboku-ga* at the museum in our town.　Why do you want to see it?"　He said, "Because *suiboku-ga* is very cool.　It's popular in many countries."　I visited the museum with him.　There were some old *suiboku-ga* in the museum.　He said, "There are many beautiful pictures in Italy.　But *suiboku-ga* is very different from those pictures.　*Suiboku-ga* has just two colors, black and white.　I have never seen such art in my country."　That day, I learned that *suiboku-ga* is cool, and I was happy about it.

【質問】When did Andrew come to Japan ?

【対訳】

私はイタリアに友人がいます。彼の名前はアンドリューです。昨年、彼は日本に来て、私の家に1カ月滞在しました。ある日、アンドリューは私に言いました。「ねえ、シン。私は水墨画《すいぼくが》を見たいです。」私は言いました。「たぶん、あなたは私たちの町の美術館で水墨画《すいぼくが》を見ることができます。なぜあなたはそれを見たいのですか。」彼は言いました。「なぜなら水墨画《すいぼくが》はとてもかっこいいからです。それはたくさんの国で人気です。」私は彼と美術館を訪れました。美術館にいくつかの古い水墨画《すいぼくが》がありました。彼は言いました。「イタリアにたくさんの美しい絵があります。しかし、水墨画《すいぼくが》はそれらの絵ととても違っています。水墨画《すいぼくが》は黒と白のたった2色しかありません。私は私の国でこのような芸術を1度も見たことがありません。」その日、私は水墨画《すいぼくが》がかっこいいと学びました、そして私はそれがうれしかったです。

【質問】いつアンドリューは日本に来ましたか。

- ●Andrew stayed at Shin's ① (home) for one month.
- ●Andrew said that *suiboku-ga* is ②(popular) in many countries.
- ●Andrew said that *suiboku-ga* is very ③(different) from the pictures in Italy.

- ●アンドリューはシンの①(家)に1カ月滞在しました。
- ●アンドリューは水墨画《すいぼくが》はたくさんの国で②(人気がある)と言いました。
- ●アンドリューは水墨画《すいぼくが》はイタリアの絵ととても③(違っている)と言いました。

対訳【リーディング問題】

2 － A　1　あなたの笑顔はいつもみんなを幸せに(します)。

2　あなたの犬は私の犬よりも(もっと速く)走ることができます。

3　新しい図書館は駅の前に(建てられました)。

2 － B

親愛なるナンシーへ

新しい映画、『サマーバケーション』を知っていますか。今度の土曜日にそれを見ませんか。もしあなたが私といっしょに行くことができれば、私は2枚のチケットを買います。

ユミ

親愛なるユミへ

はい、私はその映画を知っています。①私はその映画をあなたといっしょに見たいです。しかし、すみません。私は今度の土曜日は忙しいです。②私は私の母を手伝わなければなりません。今度の日曜日はどうですか。

ナンシー

2 －C　シン　：やあ、マイク。あなたはどの部に加わりたいですか。

マイク：①(私はあなたたちの部に加わりたいです。)

シン　：ああ、あなたは柔道部に加わりたいのですか。私はうれしいです。②(なぜあなたは柔道をやってみたいのですか。)

マイク：なぜなら柔道はかっこいいからです。

シン　：あなたは柔道の練習がとてもきついのを知っていますか。

マイク：はい、しかし私は強いので心配しないでください。あなたたちは毎日練習しますか。

シン　：いいえ。私たちは毎週月曜日、水曜日、金曜日に練習します。

マイク：ああ、私は日本語のレッスンがあるので毎週水曜日は練習することができません。それは問題ですか。

シン　：私はそう思いません。あなたは山下先生にそれについて話すべきです。③(彼は柔道部の顧問《こもん》の先生です。)

マイク：はい。私は彼にそれについて話します。

3　リコ　：日本での生活はどうですか。

アンナ：すばらしいです。私は毎日とても幸せです。

リコ　：私はそれを聞いてうれしいです。

アンナ：私は3カ月①間ずっと日本に住んでいます。私はたくさんのことを学びました。

リコ　：あなたは何を学びましたか。

アンナ：【私は日本食を料理する方法を学びました。】

リコ　：あなたはどんな日本食を料理することができますか。

アンナ：私はみそ汁を料理することができます。それはとてもおいしいです。

リコ　：すばらしいですね。あなたはこれまでに日本で何か問題はありましたか。

アンナ：はい。私は昨日レストランで問題がありました。

リコ　：本当ですか。どうぞそれについて話してください。

アンナ：たくさんの難しい漢字が使われていたので、私はメニューを読むことができませんでした。

リコ　：どうしましたか。

アンナ：私はレストランの男性にメニューについてたずねましたが、彼は英語を話すことができませんでした。

リコ　：なるほど。②もしそのレストランが英語のメニューを作ると、あなたはそのような問題にあうことはないでしょう。

アンナ：はい。そのような小さな変化が私のような人々を助けると思います。

4　ある日、私は歴史のオガワ先生にたずねました。「私は日本の文化と歴史について学びたいです。」彼は答えました。「私はあなたにとっていちばんよい場所を知っています。」それから彼は私に博物館のパンフレットをくれました。それは英語で㋐(書かれていました。) 彼は言いました。「私はあなたが楽しむことを望みます。」

次の日、私は博物館を訪れました。博物館の前に何人かの若者がいました。A (1人の男の子がほほえんで私のところに来ました。) 彼は言いました。「博物館へようこそ。私の名前はケンです。私はボランティアガイドです。」私は言いました。「はじめまして。私の名前はマイクです。博物館を案内してくれますか。」彼は言いました。「もちろん。」

最初に、私は刀を見ました。B(それは美しかったです。) ケンは私にたずねました。「あなたはこれまでにアメリカで刀を㋑(見たことがありますか。)」私は答えました。「いいえ、ありません。」私はケンにたずねました。「この刀はいつ作られましたか。」彼は答えました。「それは鎌倉時代に作られました。鎌倉時代は1185年から1333年まででした。」私は言いました。「なるほど。それは江戸時代より古いですよね。」彼は言いました。「そのとおりです。あなたは日本の歴史についてよく知っていますね。」それから私は室町時代の屏風《びょうぶ》や平安時代の絵を見ました。最後に、私は縄文時代のナイフを見ました。C(私は日本はとても長い歴史があることを学びました。)

その後、私たちは博物館のレストランで昼食をとりました。私は言いました。「ありがとう、ケン。私は本当に博物館を楽しみました。」彼は言いました。「私はうれしいです。知っていますか。この町にとても古い神社があります。私は今度の日曜日にそこを訪れるつもりです。私といっしょに行きたいですか。」私は言いました。「ありがとう。私はあなたといっしょに行きたいです。」

博物館は私にとっていちばんよい場所でした。私は今度の日曜日にケンと神社に行くことを楽しみに待っています。今、私は夢があります。私は日本の大学で日本の文化と歴史を研究したいです。

> 博物館は私のいちばん好きな場所です。ⓐその博物館は日本の文化と歴史を学ぶのにいちばんよい場所です。私は博物館で美しい着物を見たことがあります。ⓑそれらは江戸時代に作られました。

5 今年の9月に、私は職業体験として花屋で働きました。職業体験で、私は田中さんに会いました。彼女は24歳です。㋐【彼女は花屋で6年間働いています。】今日、私は田中さんからA(何を)学んだかについてあなたたちに話します。

職業体験の日、私は午前8時45分に花屋に到着しました。それから私は田中さんに初めて会いました。彼女は言いました。「はじめまして。あなたが私たちと B(働くことを)楽しんでくれることを望みます。私は言いました。「初めまして。私は花が好きなので幸せです。」彼女は言いました。「私はそれを聞いて幸せです。ああ、すでに午前9時です。私たちは時間がありません。最初に、私たちは店をそうじします。始めましょう。」私たちは午前9時30分に店のそうじを終えました。田中さんは言いました。「次に、私たちはこれらの花を外に持っていき、店の前に飾《かざ》ります。」私たちは午前9時50分にそれを終えました。ついに、午前10時に店は開店しました。私は田中さんにたずねました。「私は次に何をするべきですか。」彼女は言いました。「㋑【私はあなたに花をきれいな状態にしておく方法を教えます。】」それから彼女は私に2つの重要なことを教えました。彼女は言いました。「第1に、あなたは毎日水をかえなければなりません。第2に、あなたは古い葉を取り除かなければなりません。」私はそのような小さな努力が花にとって重要だと学びました。

私が水をかえているときに、女性が店に来ました。女性は田中さんにたずねました。「私は私の母に花を買いたいです。彼女は今入院しています。私は彼女にどの花を買うべきですか。」田中さんは答えました。「マリーゴールドはいかがですか。マリーゴールドの花言葉は『健康でいてください』です。」女性は言いました。「それは彼女にとっていちばんよい花です。ありがとう。」彼女はとても幸せそうに見えました、そして田中さんもとても幸せそうに見えました。

店は午後6時に閉店しました。田中さんは言いました。「あなたはすばらしい仕事をしました。あなたの職業体験はどうでしたか。」私は言いました。「すばらしかったです。私はもっと働きたいです。」彼女は言いました。「私はそれを聞いてうれしいです。」私は田中さんにたずねました。「あなたはこの店で働くことが好きですか。」彼女は答えました。「はい。私は花で人々を幸せにすることができるので、ここで働くことが本当に好きです。」私は言いました。「私は将来、あなたのように人々を幸せにするために働きたいです。」彼女は言いました。「私は、あなたはそれができると確信しています。」それから彼女は私にほほえみました。

1 A 1 ア　2 ウ　3 イ　B 1 エ　2 イ　3 エ

C ① talking　② April　③ beautiful　④ happy

2 A 1 ウ　2 ウ　3 エ　B ① イ　② ア　③ ウ

C ① saw　② most　③ pictures　④ during

Ⓐ（解答例）Kumamoto is a very good place.　Ⓑ（解答例）Because there are a lot of nature.

3 1 ① イ　② カ　2（解答例）㋐ I have played the guitar for four years.　㋑ She can play the piano well.

3 Ⓐ She is not only a good pianist but also　Ⓑ it is difficult for me to play　4 ウ

4 1（解答例）① They visited a forest in the village.　② It's a *kawasemi*.　2 B

3（解答例）ⓐ I was surprised because it was very beautiful.　ⓑ I want to visit City Park to watch birds.

4 オ　5 エ

5 1（解答例）① He wanted to sell his old computer.　② He read many good reviews about the vacuum cleaner.

2 ㋐ sent　㋑ better　3 C　4（解答例）スズキさんが店を閉めると決めたこと。

5 ア○　イ×　ウ×　エ○　オ×

対訳【リスニング問題】

1 － A

	【英文】	【対訳】
1	People often use it to drink something at parties. Which picture shows it ?	人々はパーティで何かを飲むためによくそれを使います。どの絵がそれを示していますか。
2	You can see it in front of shrines. Which picture shows it ?	あなたは神社の前でそれを見ることができます。どの絵がそれを示していますか。
3	In Ken's class, spring is the most popular season. Summer is more popular than winter. Winter is as popular as autumn. Which picture shows Ken's class ?	ケンのクラスでは、春はいちばん人気がある季節です。夏は冬より人気があります。冬は秋と同じくらい人気です。どの絵がケンのクラスを示していますか。

1 － B

【英文】	【対訳】
Andy : Nice to meet you. My name is Andy.	ｱﾝﾃﾞｨ：はじめまして。私の名前はアンディです。
Mika : My name is Mika. Nice to meet you, too. Where are you from ?	ﾐｶ：私の名前はミカです。はじめまして。出身はどこですか。
Andy : I am from Canada.	ｱﾝﾃﾞｨ：私はカナダ出身です。
Mika : Welcome to Japan. Canada is very cold during winter, right ?	ﾐｶ：日本へようこそ。カナダは冬の間とても寒いですよね。
Andy : Yes. I often enjoy skiing during winter.	ｱﾝﾃﾞｨ：はい。私はよく冬の間スキーをすることを楽しみます。
Mika : Sounds interesting. I haven't tried skiing yet. What do you want to study in Japan ?	ﾐｶ：おもしろそうですね。私はまだスキーをしたことがありません。あなたは日本で何を勉強したいですか。
Andy : I want to study Japanese traditional culture.	ｱﾝﾃﾞｨ：私は日本の伝統文化を勉強したいです。
Mika : I am glad to hear that. I want to learn about Canada, too. I hope you will enjoy your life in Japan.	ﾐｶ：私はそれを聞いてうれしいです。私もカナダについて学びたいです。私はあなたが日本での生活を楽しむことを望みます。
Andy : Thank you.	ｱﾝﾃﾞｨ：ありがとう。

質問 1 : Where is Andy from ?

質問 2 : Does Mika often enjoy skiing ?

質問 3 : What does Andy want to study in Japan ?

質問 1 : アンディはどこの出身ですか。

質問 2 : ミカはよくスキーをすることを楽しみますか。

質問 3 : アンディは日本で何を勉強したいですか。

1 － C

【英文】

Hi, my name is Yumi. I have a best friend. Her name is Brenda. She is from America. Last April, she came to Japan to study. We always enjoy talking in English. One day, I asked her, "In America, people send Christmas cards on Christmas Day, right ?" She answered, "Yes. This year, I will send my Christmas card to you." On Christmas Day, I got her Christmas card. It was beautiful. She wrote a message for me. "Merry Christmas, Yumi. Thanks to you, I always enjoy my school life in Japan." Her message made me very happy. Next month, Brenda is going to go back to America. I am sad. I will send my Christmas card to her every year.

【対訳】

ハイ、私の名前はユミです。私は親友がいます。彼女の名前はブレンダです。彼女はアメリカ出身です。昨年の4月に、彼女は日本に勉強をしに来ました。私たちはいつも英語で話をすることを楽しみます。ある日、私は彼女にたずねました。「アメリカでは、人々はクリスマスの日にクリスマスカードを送りますよね。」彼女は答えました。「はい。今年、私はあなたにクリスマスカードを送るつもりです。」クリスマスの日、私は彼女のクリスマスカードを受け取りました。それは美しかったです。彼女は私にメッセージを書きました。「メリークリスマス、ユミ。あなたのおかげで、私はいつも日本での学校生活を楽しんでいます。」彼女のメッセージは私をとても幸せにしました。来月、ブレンダはアメリカに帰る予定です。私は悲しいです。私は彼女に毎年クリスマスカードを送るつもりです。

対訳 【リーディング問題】

2 － A

1 A : これは(誰の)バッグですか。 B : それはナンシーのものです。

2 A : 音楽室で今ピアノを(ひいている)男の子は誰ですか。 B : 彼はトムです。

3 A : あなたはすでに宿題を終えましたか。 B : いいえ。私はそれを(まだ)終えていません。

2 － B

先週の日曜日に、私は買い物に行きました。①(私は店にTシャツを買いに行きました。) 店の女性が言いました。「お手伝いしましょうか。」私は答えました。「はい、お願いします。私はTシャツをさがしています。」②(それから彼女は何枚かのTシャツを私に見せました。) 彼女はそれらが今若者の間で人気だと言いました。 私は言いました。「私はこの青いのが好きです。試着してもよいですか。」 彼女は言いました。「もちろんです。」③(しかしながら、それは私には大きすぎました。) 私は彼女にもう少し小さいものを見せてもらえるようにたのみました。彼女は言いました。「すみません。今、もう少し小さいものはありません。」そのため、私はその日どのTシャツも買いませんでした。

2 － C

ケン : 私はこの前の冬にオーストラリアを訪れました。

マイク : 私はオーストラリアに1度も行ったことがありません。どうかそれについて私に話してください。

ケン : もちろんです。私はたくさんのおもしろい動物を①(見ました)。

マイク : どの動物が②(いちばん)おもしろかったですか。

ケン : それはコアラでした。それはとてもかわいかったです。私はコアラとたくさんの③(写真)を撮りました。

マイク : オーストラリアの食べ物はどうでしたか。

ケン : それはとてもおいしかったです。私は大きなロブスターを食べました。

マイク　：すばらしいですね。私はそれを食べたいです。

ケン　　：あなたは旅行が好きですか。

マイク　：はい。私は夏休み④(の間に)旅行したいです。あなたは日本のよい場所を知っていますか。

ケン　　：はい。私はあなたにとってよい場所を知っています。

［　　Ⓐ　　］

マイク　：なぜそこはそれほどよいのですか。

ケン　　：［　　Ⓑ　　］

マイク　：ありがとう。私はその場所を訪れます。

3　シン　　：ジョニー、あなたはとてもじょうずにギターをひくことができます。

ジョニー：ありがとう。私はギターをひくことが好きです。

シン　　：あなたはどのくらい長くギターをひいていますか。

ジョニー：㋐私はギターを4年間ひいています。

シン　　：あなたは学園祭でギターをひくつもりですか。

ジョニー：はい。私は学園祭で演奏するためのバンドを組むつもりです。

シン　　：①おもしろそうですね。　あなたはすでにあなたのバンドのメンバーを見つけましたか。

ジョニー：元気がドラムを演奏する予定です。しかし、私はまだ他のメンバーをさがしています。

シン　　：あなたはユミにあなたのバンドに加わるようにたのむべきです。　㋑彼女はじょうずにピアノをひくことができます。

ジョニー：本当ですか。私はそれについて知りませんでした。

シン　　：Ⓐ【彼女はよいピアニストなだけでなく、また】よい歌手です。

ジョニー：すばらしいですね。私は彼女に私たちに加わるようにたのむつもりです。

シン　　：私はあなたがよいバンドを組むことができると思います。

ジョニー：ねえ、シン。　私のバンドでベースギターをひきませんか。

シン　　：私がですか。私はベースギターを持っていません。

ジョニー：②それは問題ではありません。　あなたは私のベースギターを使うことができます。

シン　　：私はベースギターをⒷ【ひくことは私にとって難しいと】思います。

ジョニー：私はあなたにそのひき方を教えます。私たちは学園祭までまだ2カ月あります。

シン　　：わかりました。私はそれをやってみます。

ジョニー：私はうれしいです。私たちといっしょに演奏しましょう。

4　あなたたちは鳥に興味がありますか。私は鳥がとても好きです。私は私が子供のころから鳥を見ています。今日、私はあなたたちになぜ私が鳥を好きなのか話します。

私の祖父は小さな村に住んでいます。彼は鳥についてたくさんのことを知っています。ある日、彼は私を村の森に連れていきました。私はそのとき9歳でした。私は森でたくさんの鳥が歌っているのを聞きました。私はその鳥をさがしましたが、私はそれらを見つけることができませんでした。彼は言いました。「私の双眼鏡で鳥をさがしてみてください。」私は彼の双眼鏡で鳥をさがしはじめました。すぐに、私は木の上の小さな青い鳥を見つけました。それは美しかったです。私はその鳥を指さして、彼にたずねました。「むこうのあの小さな青い鳥は㋐何ですか。」　彼は彼の双眼鏡でその鳥を見て言いました。「あれはオオルリです。」私は森の中で宝石を見つけた気がしました。その日、私の祖父は私に彼の双眼鏡をくれました。さらに、彼は私に鳥類図鑑を買ってくれました。私が鳥を見に行くとき、私はいつもそれらを持って行きます。B(それらは私の宝物です。)

私はあなたたちに私のお気に入りの鳥について話します。1つ目は、シジュウカラです。シジュウカラはたがいに意思疎通《そつう》をとるために歌います。それぞれの歌には「気を付けてください！ヘビが来ています！」のように独自の意味があります。シジュウカラはかわいいだけでなく利口です。2つ目は、カワセミです。カワセミは川の近くに㋑住んでいる小さな鳥です。私は、カワセミがとても美しいので好きです。私は子供のころからたくさんの種類の鳥を見ましたが、カワセミは私にとっていちばん美しい鳥です。

私は森でオオルリを見つけた日をはっきりと覚えています。それ以来私は鳥についてたくさんのことを学びました。私は夢があります。私は将来鳥を見るために世界中のたくさんの場所を訪れたいです。

元気のスピーチはとてもおもしろかったです。スピーチの後に、彼は私たちにカワセミの写真を見せてくれました。　ⓐ私はそれがとても美しかったので驚きました。　彼は私たちにシティパークが鳥を見るのによい場所だと教えてくれました。今、私は鳥に興味があります。ⓑ私は鳥を見るためにシティパークを訪れたいです。

5　今日、だれでもインターネットでものを売買することができます。それは便利なだけでなく楽しいです。しかしながら、私たちは同時に注意深くなるべきです。私は、私の経験から3つことを学んだので、それらをあなたたちと共有します。

1つ目に、フリマアプリにはいくらかの悪い人がいます。3カ月前、私は、私の古いコンピュータを売りたかったので、初めてフリマアプリを使いました。すぐに、私は男性からのメッセージを受け取りました。そのメッセージには、「私はあなたのコンピュータを買うつもりです。私はすぐにそれが必要なので、どうか明日それを私に送ってください。私は今週末までにお金を払います。」とありました。それで、私は次の日にコンピュータを彼に送りました。しかしながら、彼はお金を払いませんでした。それ以来、私はたくさんのメッセージを彼に㋐(送りました)が、彼はそれらに1度も返事をしたことがありません。

2つ目に、あなたたちはオンラインストアのレビューをいつも信じるべきではありません。それらはどの商品を買うか決めるために重要です。C(しかしそれらはいつも本当とは限りません。）ある日、私はオンラインストアで掃除機《そうじき》を見つけました。私はオンラインストアでそれについてのたくさんのよいレビューを読んだので、私はそれを買うことに決めました。しかしながら、私はその掃除機《そうじき》を使ったとき失望《しつぼう》しました。それはレビューに書いてあるほどよくありませんでした。私の古い掃除機《そうじき》のほうがそれ㋑より(ずっと)よかったです。(much=ずっと)

3つ目に、あなたたちは地元の店でもっとものを買うべきです。私の町に古い書店がありました。それは私のお気に入りの場所でした。私がその書店を訪れたとき、私はいつもオーナーの鈴木さんと話をしました。彼は私の父の友達なので、私たちは私が子供のときからおたがいを知っています。ある日、鈴木さんはとても悲しそうに見えました。私は彼にたずねました。「どうしましたか。」鈴木さんは言いました。「私は私の店を閉めることに決めました。」私はそれを聞いて驚きました。私は彼にたずねました。「なぜですか。」彼は答えました。「なぜなら人々はいつもインターネットで本を買います。彼らは私の店に本を買いに来ません。」私はそれを聞いてとても悲しかったです。私は人々に書店でもっと多くの本を買ってほしいです。

私は、私のスピーチが、あなたたちがインターネットでものを売買するときによい決定をする助けになることを望みます。ありがとうございました。

解答例　数学－1

1　（1）1　（2）$3a+14b$　（3）$4\sqrt{6}$　（4）$x=5$　（5）$a=-3b+\frac{3}{4}c$
（6）イ　（7）45度　（8）$81\pi\ \mathrm{cm}^3$　（9）下図

2　（例）十の位の数を x とすると，百の位の数は $x+1$，一の位の数は $9-(x+1)-x=8-2x$ となる。
よって，はじめの自然数は，$100(x+1)+10x+8-2x=108x+108$ …①　次に，百の位の数と一の位の数を入れかえてできる自然数は，$100(8-2x)+10x+x+1=-189x+801$ …②
②の自然数は①の自然数より 198 小さいので，$108x+108=-189x+801+198$　これを解いて，$x=3$　よって，はじめの自然数は 432 である。

1（9）の図

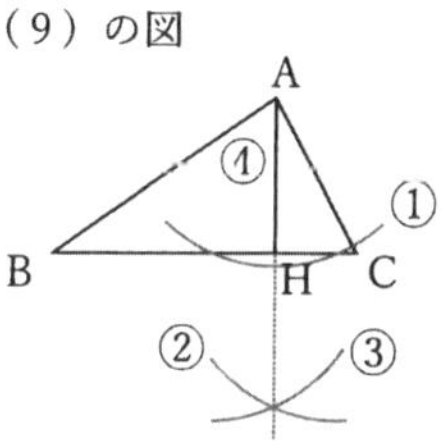

3　（1）$y=x+6$　（2）15　（3）$\sqrt{2}$

4　（1）2 cm　（2）$\frac{156}{25}\pi\ \mathrm{cm}^3$

5　（1）ア.PBC　イ.BCD　ウ.1 組の辺とその両端の角　（2）9 cm

6　（1）$4\sqrt{2}$ cm　（2）$2\sqrt{3}$ cm　（3）$(2+2\sqrt{5})$cm

解説

1　（1）$-8+4+5$　（2）$4a+8b-a+6b$　（3）$3\sqrt{6}+\sqrt{\frac{30}{5}}=3\sqrt{6}+\sqrt{6}$　（4）$5x-2x=3+12\quad 3x=15$
（5）$4a=-12b+3c\quad a=-\frac{12}{4}b+\frac{3}{4}c$　（6）長方形は 2 本の対角線の長さが等しい。
（7）$360°-(32°+17°+266°)$　別解：$x+17°+32°=94°$
（8）X と Y の体積比は $3^3:5^3$ より，X の体積を x とすると，$3^3:5^3=x:375\pi$
（9）①点 A を通る辺 BC の垂線を作図する。②その垂線と辺 BC との交点を H とする。

1（7）

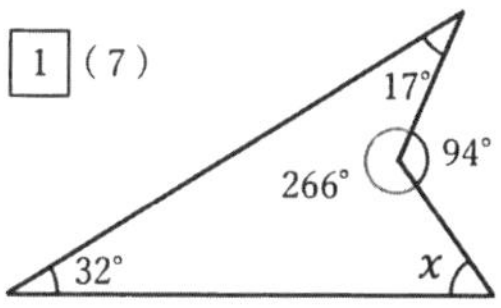

2　（別解）十の位の数を x，百の位の数を $(x+1)$，一の位の数を y とおく。
各位の数の和は 9 より，$(x+1)+x+y=9$ …①
次に，はじめの自然数は，$100(x+1)+10x+y$ …②　百の位の数と一の位の数を入れかえてできる自然数は，
$100y+10x+(x+1)$ …③　③の自然数は②の自然数より 198 小さいので，
$100(x+1)+10x+y=100y+10x+(x+1)+198$ …④　①と④の連立方程式を解くと，$x=3$，$y=2$
よって，はじめの自然数は 432 である。

3　（1）$\begin{cases}4=-2a+b\\9=3a+b\end{cases}$ より，$a=1$，$b=6$　よって，直線の式は $y=x+6$
（2）直線 AB と y 軸との交点を D とすると，△AOB の面積＝△AOD の面積＋△BOD の面積 より，
$\frac{1}{2}\times6\times2+\frac{1}{2}\times6\times3=6+9=15$
（3）点 B(3, 9)，点 C(4, 8)より，右図のような直角三角形をつくると，BE=CE=1 である。
三平方の定理より，$BC^2=1^2+1^2$　よって，$BC=\sqrt{2}$

3（3）

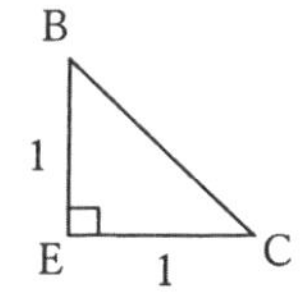

4　（1）円錐の体積は，$\frac{1}{3}\times$底面積$\times$高さ より，$\frac{1}{3}\times r^2\pi\times5=\frac{20}{3}\pi$　$r^2=4$　$r>0$ より　$r=2$
（2）あふれた水の体積は，おもり A が容器 B に入っている部分の体積と等しい。おもり A とおもり A の水の中に沈んでいない部分の体積比は，$5^3:(5-3)^3=125:8$　おもり A の体積は $\frac{20}{3}\pi$ なので，おもり A の水の中に沈んでいない部分の体積を x とすると，$125:8=\frac{20}{3}\pi:x$　$x=\frac{32}{75}\pi$
よって，あふれた水の体積は，$\frac{20}{3}\pi-\frac{32}{75}\pi=\frac{500-32}{75}\pi=\frac{468}{75}\pi=\frac{156}{25}\pi$

5　（2）AB+AC=16 なので，BP+PC=25－16=9　ここで，BP=AD，PC=DP(△PCD は正三角形)
つまり，AP=AD+DP=BP+PC=9

6　（1）△PBQ は PB=PQ=4cm の直角三角形なので，三平方の定理より，$PQ^2=4^2+4^2$，$PQ=4\sqrt{2}$
（2）$\angle PBS=60°$，$\angle PSB=90°$，$\angle BPS=30°$ の直角三角形なので，$PB:BS:PS=2:1:\sqrt{3}$
よって，PB= 4cm，BS= 2cm，PS= $2\sqrt{3}$ cm
（3）直角三角形 PSR において，三平方の定理より，$RS=\sqrt{PR^2-PS^2}=\sqrt{(4\sqrt{2})^2-(2\sqrt{3})^2}=\sqrt{32-12}=2\sqrt{5}$
よって，$RB=BS+RS=2+2\sqrt{5}$

[1] （1）（ア）$\frac{1}{8}$　（イ）5　（ウ）$-4a$　（エ）$\sqrt{5}$　（2）$x=3,7$　（3）時速 12km　（4）720 度
（5）$2\sqrt{10}$ m　（6）右の図　（7）65 度

[2] （1）$\frac{5}{12}$　（2）① $\frac{1}{9}$　② 6 通り

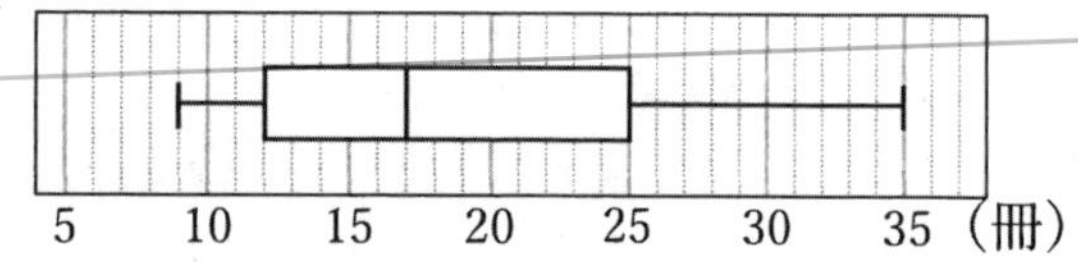

[3] （1）$\frac{1}{500}$　（2）$8\sqrt{3}$ cm　（3）$(1.5+40\sqrt{3})$ m

[4] （1）21 本　（2）$4n+1$

[5] （1）A$(-4,8)$　B$(2,2)$　（2）$y=-x+4$　（3）$\frac{256}{3}\pi$ cm^3

[6] （1）ア.CFD　イ.CDF　ウ.2 組の角　（2）$\frac{75}{8}$ cm^2

解説

[1] （1）（イ）$(27-2)\div 5=25\div 5$　（ウ）$-\frac{9a^2\times 4ab}{9a^2b}=-4a$　（エ）$3\sqrt{5}-\frac{10\times\sqrt{5}}{\sqrt{5}\times\sqrt{5}}=3\sqrt{5}-2\sqrt{5}$

（2）$x^2-10x+21=0$　$(x-3)(x-7)=0$　$x=3,7$

（3）20 分は $\frac{1}{3}$ 時間なので，$4\div\frac{1}{3}=12$

（4）n 角形の内角の和は，$180°\times(n-2)$ より，$180°\times(6-2)=720°$

（5）$\sqrt{5}+\sqrt{5}+(\sqrt{10}-\sqrt{5})+(\sqrt{10}-\sqrt{5})=2\sqrt{10}$

（6）データを数が小さい順に並べると，

9，11，⑫，13，16，18，20，㉕，29，35

前半部分の中央値が第 1 四分位数
後半部分の中央値が第 3 四分位数
全体の中央値が第 2 四分位数

（7）$\angle x=42°+23°$

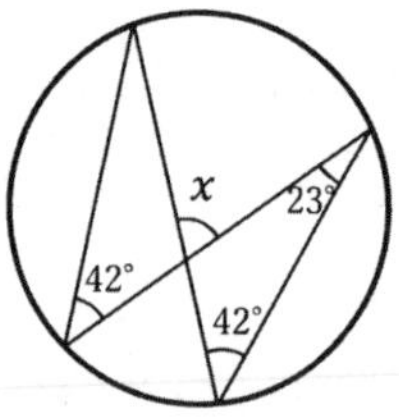

[2] （1）出る目の数の和が 8 以上になるのは，右図のように
(2,6)(3,5)(3,6)(4,4)(4,5)(4,6)(5,3)(5,4)(5,5)(5,6)(6,2)(6,3)(6,4)(6,5)(6,6)
の 15 通り。目の出方は全部で，36 通りあるので，$\frac{15}{36}=\frac{5}{12}$

a \ b	1	2	3	4	5	6
1						
2						○
3					○	○
4				○	○	○
5			○	○	○	○
6		○	○	○	○	○

（2）①$(a,b)=(3,1)(4,2)(5,3)(6,4)$の場合，直線 $y=x-2$ 上の点となる。
②△OAP の面積は $\frac{1}{2}\times 6\times$(高さ)$=12$より，高さが 4 になるのは
(1,4)(2,4)(3,4)(4,4)(5,4)(6,4)のとき。

[3] （1）$\frac{8}{4000}=\frac{1}{500}$　（2）60°, 30°, 90° の直角三角形なので，B′C′ : A′C′ $=1:\sqrt{3}$　8 : A′C′ $=1:\sqrt{3}$
（3）$8\sqrt{3}\times 500=4000\sqrt{3}$ cm

[4] （2）1 つ目の五角形に必要な棒は 5 本，2 つ目からは 4 本ずつ増えている。$5+4(n-1)=4n+1$

[5] （1）$y=\frac{1}{2}x^2$ へ $x=-4, x=2$ をそれぞれ代入する。

（2）$\begin{cases}8=-4a+b\\2=2a+b\end{cases}$ を解いて，$a=-1$，$b=4$　よって，$y=-x+4$

（3）(△ACD を x 軸を軸として回転させた円錐の体積)－（△AOD を x 軸を軸として回転させた円錐の体積)を求める。
点 C(4, 0)より，$(\frac{1}{3}\times 8^2\pi\times 8)-(\frac{1}{3}\times 8^2\pi\times 4)=\frac{256}{3}\pi$

[5]（3）の図

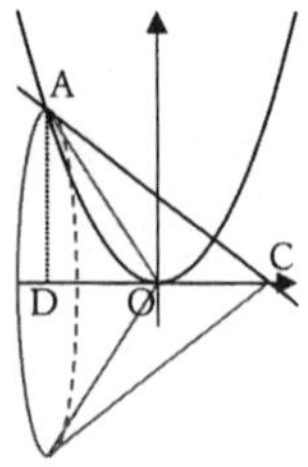

[6] （2）AB : CF = 8 : 5 より，△ABC と△CFD の相似比は 8 : 5　8 : 5 = 6 : DF なので，DF $=\frac{15}{4}$
よって，△CFD の面積は，$\frac{1}{2}\times\frac{15}{4}\times 5=\frac{75}{8}$
（別解）△ABC と△CFD の相似比は 8 : 5 より，面積比は $8^2:5^2$　△ABC の面積は，$\frac{1}{2}\times 6\times 8=24$
よって，$8^2:5^2=24$:（△CFD の面積）　（△CFD の面積）$=\frac{5^2\times 24}{8^2}=\frac{75}{8}$

1　1 (1) 本初子午線　(2) ユーラシア大陸　2　ウ　3　ア　4　1月29日午前2時　5　エ

2　1　日本海流（黒潮）　2　カルデラ　3　イ　4　ア　5　瀬戸内《せとうち》工業地域

6 (例) 原油の輸入に便利な，臨海部《りんかいぶ》に立地している。　7　促成《そくせい》栽培

3　1　口分田《くぶんでん》　2　イ　3　執権　4 (例) 朝廷《ちょうてい》を監視《かんし》するため。　5　ウ

6　ⓐ：惣《そう》　ⓑ：土倉《どそう》　ⓒ：土《つち》《ど》一揆《いっき》

4　1　自由民権運動　2　ウ　3　ア，イ　4　ウ　5　日ソ共同　6　エ→ア→ウ→イ

5　1　ア　2 (1) ウ　(2) 男女共同参画《さんかく》社会基本法　3　ワイマール憲法　4　ア

6　1　公衆衛生《こうしゅうえいせい》　2　イ　3　エ　4　社会的責任　5　ウ

解説

1　1 (2) ユーラシア大陸はアジア州とヨーロッパ州に分けられ，大きさは六大陸の中で最大。

3　アは鉄鉱石などの鉱産資源の輸出が多いオーストラリア　イは人口が多いのでインド　ウは原油のモノカルチャー経済であるナイジェリア　エは輸出総額が大きいので，ヨーロッパ最大の工業国であるドイツ

4　日本とドイツは東経なので，2国の時差は (135－15)÷15＝8(時間)

ドイツから見て日本は東にあるので，1月28日午後6時に8時間プラスして，1月29日午前2時となる。

5　アは農業従事者1人当たりの農地面積が広く，穀物生産量も多いので，企業的な農業が盛んなアメリカが属する北アメリカ州　イは農業従事者1人当たりの農地面積が広いが，穀物生産量が少ないので，国土面積の多くを牛や羊の放牧地としているオセアニア州　ウは穀物生産量が圧倒的に多いのでアジア州

エは農林水産業就業人口比率が高いのでアフリカ州

2　3　バイオマス発電は，動植物から生まれたバイオマス(生物資源)を焼却した熱エネルギーを利用した発電のこと。植物は生長の過程で二酸化炭素を吸収しており，燃やしても大気中の二酸化炭素量の総量は増えないと考えられているため，再生可能エネルギーであると言われている。

4　アは年間降水量が少ないので，瀬戸内の気候である香川県高松《たかまつ》市　イは南東の季節風と台風の影響で夏の降水量が多い南四国の高知県高知市　ウは北西の季節風の影響で冬の降水量(雪)が多い山陰の島根県松江《まつえ》市

7　夏が旬のきゅうりやなす，ピーマンなどを，値段が高くなる冬から春に出荷できるようにしている。

3　2　奈良時代には，仏教と唐の影響を受けた文化が栄えた。五街道は江戸時代に整備された主要な道路のこと。

4　幕府は京都に六波羅探題を置いて朝廷を監視し，鎌倉幕府の勢力は西日本にまで及ぶようになった。

5　アは江戸時代　イは鎌倉時代　エは平安時代の10世紀後半

6　ⓐ：座は商人や手工業者がつくった同業者の団体。　ⓑ：問《とい》(問丸《といまる》)は港町で活躍した運送業者。

ⓒ：打ちこわしは江戸時代に，都市の貧しい人々が団結して，米の買い占めをした商人などをおそったこと。

4　2　米騒動はシベリア出兵前の1918年。　日比谷《ひびや》焼き打ち事件は日露戦争後の1905年。

ラジオ放送は1925年。　日清戦争で得た賠償金《ばいしょうきん》で建設された八幡《やはた》製鉄所は1901年に操業開始。

3　ウは第一次世界大戦後のパリ講和会議で提案され，1920年に設立された。　エは1972年。

4　アはイギリスやフランス，イはアメリカが世界恐慌に対して行った政策。

エはイタリアやドイツなどで行われたファシズムのこと。

6　アは1973年　イは1991年　ウは1989年　エは1964年

5　1　イ，ウは経済活動の自由　エは身体の自由

4　イは訪問販売などにおいて，一定期間内であれば，消費者が無条件で契約を解除できる制度。　ウは高齢者や障害がある人たちが，社会で安全・快適に生活できるよう，さまざまな障壁《しょうへき》を取り除こうという考え方。

6　3　価格は下がり，需要曲線と供給曲線の交点のときの価格（均衡価格《きんこうかかく》）で落ち着くことになる。

5　間接税は，同じものを買った場合，所得に関係なく同じ金額の税を負担する。

[1] 1　インド洋　2　エ　3 (1) ヒスパニック　(2) X：エ　Y：ア　4　イ
5（例）以前はコーヒー豆の輸出が中心のモノカルチャー経済だったが，近年は鉄鉱石や大豆などの複数の品目を輸出するようになった。

[2] 1　ウ　2　三角州《さんかくす》　3　工業地帯名：中京工業地帯　製品：自動車　4　イ
5 (1) ㊊　(2) ハザードマップ（防災マップ）

[3] 1　ウ　2　中大兄皇子《なかのおおえのおうじ》　3　エ　4　ウ→イ→ア→エ　5　分国法《ぶんこくほう》　6　エ

[4] 1　イ　2（例）大名が1年おきに領地と江戸を往復する制度。　3　エ→ア→イ→ウ
4　ウ　5　富岡製糸場《とみおかせいしじょう》　6　地租《ちそ》改正　7　ベルサイユ条約

[5] 1　国権　2　ア　3（例）衆議院のほうが任期が短く，解散があるため，国民の意見をより反映すると考えられているから。　4　ア　5　a：議院内閣《ぎいんないかく》　b：大統領《だいとうりょう》　6　イ

[6] 1　ア　2　労働基準法　3　ウ　4　ア　5　民主主義の学校　6　ウ

解説

[1] 2　地球は球体なので経度は360度(西経180度＋東経180度)ある。また，a－bは赤道上にあり，経度差は60度である。したがって，360度÷60度＝6　より，　a－b間は赤道の全周の6分の1の距離になる。
よって，a－b間の距離は，40000(km)÷6＝6666.666……≒6667(km)

3　(2) A国(メキシコ)はアメリカに近く，協定を結んでいるのでアメリカとの貿易が活発である。中国は世界の工場として世界中の国との貿易が活発である。日本に近い中国は，現在の日本の最大の貿易相手国である。

4　アとエは季節の変化がはっきりしている。アは7月あたりに気温が低くなっているので，南半球にある温帯のブエノスアイレス。エは7月あたりの気温が高いので，北半球にある温帯のニューヨーク。
イは平均気温が高く，雨が多いため，赤道近くにある熱帯のマナオス。
ウは年間の平均気温が低いことからアンデス山脈にある高山気候のラパスだと判断できる。

[2] 1　このような地形をリアス海岸といい，ウの三重県志摩《しま》半島のほかに，福井県若狭湾《わかさわん》なども有名である。

3　愛知県では豊田市を中心に自動車工業が盛んで，名古屋港などから世界中に輸出している。

4　アは遠洋漁業が盛んな焼津港《やいづこう》がある静岡県。　イはみかんや梅の栽培が盛んな和歌山県。
ウは米の生産が盛んな東北地方の秋田県。　エは東京に近く，近郊《きんこう》農業が行われている内陸県の群馬県。

5 (1) 文 は小・中学校，⛩ は神社， は老人ホーム。
2万5千分の1の地形図で6cmなので，25000×6(cm)＝150000(cm)=1500(m)=1.5(km)
1405.5の三角点と1350の計曲線から，西の方が標高が高いことがわかる。川は高いところから低いところに向かって流れるので，この川は西から東に向かって流れていることがわかる。

[3] 1　大仙《だいせん》古墳（仁徳陵《にんとくりょう》古墳）は大阪府堺《さかい》市にある。

4　アは1338年　イは1333年　ウは1297年　エは1392年

[4] 1　この使節を朝鮮通信使《ちょうせんつうしんし》という。　2　大名は往復の費用や江戸での生活のために多くの出費をしいられた。

3　アは田沼意次の改革　ウは水野忠邦の改革　エは徳川吉宗の改革

4　外国で金1枚を銀にかえると銀15枚になるが，この銀15枚を日本で金にかえると，15÷5＝3で，金3枚になる。

[5] 2　条例の制定は地方議会の仕事。　4　イは政権を担わない政党。　ウは多くの人が共有し，政治に大きな影響力をもつ意見のこと。　エは国会が決めた法律や予算をもとに政策を実行すること。

6　イ　民事裁判×→重大な犯罪の刑事裁判○

[6] 3　市場に出回る通貨量が増えると，貸し出し金利が下がるので，企業が必要な資金を手にいれやすくなる。

4　円安になると，外国は同じ金額でより多くの日本製品を買えるため，日本にとっては輸出が増える。

6　アは自主財源の中心　イは地方公共団体の借金　エは特定の費用の一部として国から支払われるもの

解答例　理科－1

1 1（1）蒸散《じょうさん》　（2）気孔《きこう》　（3）(ⅰ)あ.呼吸　い.光合成　う.光合成　え.呼吸　(ⅱ)対照実験　（4）ア

2（1）栄養生殖《せいしょく》　（2）(例) 親と子は同じ遺伝子を持つので形質もまったく同じである。

（3）右図　（4）DNA（デオキシリボ核酸）

1 2（3）の図

2 1（1）ア. O_2　イ. MgO　（2）0.40g　（3）ウ　（4）イ

2（1）ウ　（2）Zn^{2+}　（3）エ　（4）電気をよく通す性質があるため。

3 1（1）露点《ろてん》　（2）エ　（3）①イ　②123

2（1）B　（2）イ　（3）(例) 油性ペンの先端の影が円の中心 O にくる位置に印をつける。

（4）ウ　（5）ア

4 1（1）磁力線《じりょくせん》　（2）電磁誘導《でんじゆうどう》　（3）ウ　2（1）X　（2）20Ω　（3）200J

3（1）126 cm/s　（2）等速直線《とうそくちょくせん》運動

解説

1 1（3）植物は，光が当たる場所では光合成と呼吸を行い，光が当たらない場所では呼吸のみを行う。

（4）二酸化炭素の水溶液は酸性を示す。空気より密度が大きく，水に少しとけるだけなので下方置換法または水上置換法で集めることができる。ものを燃やすはたらきがあるのは酸素。

2（3）ジャガイモ A とジャガイモ B の核から 1 つずつ受けついでジャガイモ X の染色体がつくられる。

2 1（1）マグネシウムを燃やすと，酸素と結びついて酸化マグネシウムができる。

（2）加熱回数が 3 回目以降，ステンレス皿の質量が変化していないので，0.60g のマグネシウムがすべて酸素と結びついたことがわかる。よって，1.00[g]－0.60[g]=0.40[g]

（3）加熱回数 1 回目で結びついた酸素の質量は 0.80[g]－0.60[g]=0.20[g]　（2）より，結びつくマグネシウムと酸素の質量比は，3：2 なので，（マグネシウム）：0.20=3：2 より，酸素と結びついたマグネシウムは 0.30g つまり，残っているマグネシウムは，0.60[g]－0.30[g]=0.30[g]

2（1）$Mg \rightarrow Mg^{2+} + 2e^-$　と　$Zn^{2+} + 2e^- \rightarrow Zn$　という反応がおこり，亜鉛(Zn)が現れた。

（3）硫酸銅水溶液に亜鉛片を入れると亜鉛片に銅が付着したので，イオンへのなりやすさは亜鉛＞銅。硫酸銅水溶液と硫酸亜鉛水溶液にマグネシウム片を入れるとマグネシウム片に銅，亜鉛がそれぞれ付着したことからイオンへのなりやすさは，マグネシウム＞銅，マグネシウム＞亜鉛。つまり，マグネシウム＞亜鉛＞銅である。

（4）金属の共通の性質は，電気をよく通す・熱をよく伝える・みがくと特有の光沢が出る・たたいて広げたり引きのばしたりすることができる。

3 1（3）① $湿度\left[\%\right] = \dfrac{空気1\,m^3中にふくまれる水蒸気量\left[g/m^3\right]}{その温度での飽和水蒸気量\left[g/m^3\right]} \times 100$　$\dfrac{6.2}{15.4} \times 100 = 40.25 \ldots \left[\%\right]$

② はじめのこの部屋の空気にふくまれる水蒸気量は，6.2[g/㎥]×30[㎥]＝186[g]

暖房器具と加湿器の使用後は 20.6[g/㎥]×0.5×30[㎥]＝309[g]　よって，309[g]－186[g]=123[g]

2（1）太陽は東から昇り，南の空を通って西へ沈む。A.南　B.東　C.北　D. 西

（3）ペンの先端の影が円の中心にくるように記録すると，透明半球の中心から見える太陽の位置に印をつけたのと同じことになる。

（5）8 時から 16 時までの 8 時間の曲線の長さは 16 ㎝，この日太陽が出ていた時間を x とすると，$8:16 = x:28$

$x = 14$ (日の出から 8 時までの時間)+(8 時から 16 時までの時間)+(16 時から日の入りまでの時間)＝14 時間

(日の出から 8 時までの時間)+8 時間+3 時間＝14 時間　日の出から 8 時までの時間＝3 時間

4 1（3）S 極をコイルの中心に近づけて，磁石を速く動かすと誘導電流が大きくなり，検流計の針が逆に大きく振れる。

2（1）電圧計は回路に並列につなぐ。　（2）抵抗[Ω]=電圧[V]÷電流[A]より，3.0[V]÷0.15[A]

（3）抵抗器 B の抵抗は 3.0[V]÷0.1[A]＝30[Ω]　5.0V の電圧を加えたときの電流は 5.0[V]÷30[Ω] ＝ $\dfrac{5}{30}$ [A]

また，4 分＝240 秒　よって，電力量＝5.0[V]× $\dfrac{5}{30}$[A]×240[秒]＝200[J]

3（1）$速さ[cm/s] = \dfrac{移動距離[cm]}{かかった時間[S]}$ より，$\dfrac{28.8-16.2}{0.4-0.3} = \dfrac{12.6}{0.1} = 126[cm/s]$

解答例　理科－2

1 1（1）イ　（2）エ　（3）う．ベネジクト　え．赤褐

2（1）①生殖細胞　②胚　（2）①光合成　②酸素

2 1（1）エ　（2）イ　（3）混合物　（4）20%

2（1）H_2　（2）中和　（3）X. $BaSO_4$　Y. H_2O　（4）ウ　（5）イ

3 1（1）① P波　② S波　③ 3　（2）11時26分52秒　（3）7秒後　（4）津波

2（1）あ．C　い．エ　（2）①あ．b　い．a　②右図

（3）金星が地球よりも内側を公転しているから。

3 2（2）②の図

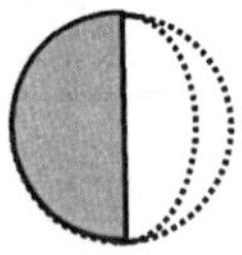

4 1（1）ウ　（2）静電気　（3）あ．電極b　い．逆　（4）エ

2（1）2.4J　（2）0.16W　（3）あ．半分になり　い．2倍　（4）4 cm/s

解説

1 1（1）ペットボトルのふたBは，だ液によってデンプンが分解されるため，青紫色が消えた。

（2）リパーゼはすい液にふくまれており，脂肪を分解する消化酵素。トリプシンはすい液にふくまれており，タンパク質を分解する消化酵素。ペプシンは胃液にふくまれており，タンパク質を分解する消化酵素。

2（2）植物の光合成によってCO_2がとり込まれO_2が放出される。

2 1（1）A・B・Cの水溶液はフェノールフタレイン溶液で変化していないので，アルカリ性ではない。アルカリ性の水溶液はフェノールフタレイン溶液を赤色に変える。

（2）白い物体(結晶)が残るのは，塩化ナトリウム水溶液と砂糖水。Bのスケッチは塩化ナトリウムの結晶。

（3）水，酸素，銅などは純物質。混合物はいくつかの物質が混ざったもの。

（4）質量パーセント濃度［%］ $= \dfrac{\text{溶質の質量[g]}}{\text{溶液の質量[g]}} \times 100 = \dfrac{25}{125} \times 100 = 20$ ［%］

2（1）マグネシウムリボンは酸性の水溶液（硫酸）と反応してとける。このとき，水素が発生する。

（3）$H_2SO_4 \rightarrow 2H^+ + SO_4^{2-}$　$Ba(OH)_2 \rightarrow Ba^{2+} + 2OH^-$　硫酸バリウムは水にとけず，白い沈殿になる。

（4）BTB溶液を加えたビーカーA，Bの水溶液の色は黄色なので酸性，ビーカーCは緑色なので中性，ビーカーDは青色なのでアルカリ性。

（5）水溶液が中和して中性になった後，うすい水酸化バリウム水溶液を加えても，それ以上の硫酸バリウム(白い沈殿)はできない。

3 1（1）③初期微動継続時間は，初期微動が始まってから主要動が始まるまでの時間。

よって，(11時27分01秒)－(11時26分58秒)＝3秒

（2）地点Aと地点Bを比べると，初期微動を伝えるP波は12kmを2秒で伝わっているので，震源から地点Aまでの24kmは4秒で伝わる。つまり，11時26分56秒の4秒前。

（3）72km地点で，初期微動を感知したのは，地震発生の12秒後。つまり，緊急地震速報が発信されたのは地震発生の(12+8)秒後の11時27分12秒。よって，E地点で主要動のゆれは7秒後に始まる。

2（1）日食は太陽・月・地球の順に一直線上に並び，月が太陽をかくす現象。新月のときに起こる。月食は太陽・地球・月の順に一直線上に並び，月が地球の影に入る現象。満月のときに起こる。

4 1（3）陰極線は，－極から＋極へ向かう電子の流れなので，電極bが＋極につないだ陽極。

2（1）仕事[J]＝力の大きさ[N]×力の向きに動いた距離[m]　8［N］×0.3[m]＝2.4[J]

（2）仕事率[W]＝ $\dfrac{\text{仕事[J]}}{\text{仕事にかかった時間[s]}}$　速さが2 cm/sより，30cm引き上げるのに15秒かかる。

よって，$\dfrac{2.4\text{[J]}}{15\text{[s]}} = 0.16\text{[W]}$

（3）動滑車を1つ使っているので，ひもを引く力は半分になり，ひもを引く距離は2倍になる。

（4）①と②の仕事率が等しいので，仕事にかかった時間も15秒。②では，ばねばかりがひもを15秒間に60cm引いている。よって，速さは，60[cm]÷15[s]＝4［cm/s］

一　1　く　　2　きそ　　3　えんかつ　　4　さいそく
5　省　　6　激　　7　打破　　8　拡散

二　1　ウ　　2　ウ　　3　優秀な男性
4　視野の広い　　5　ア　　6　イ

三　1　ウ　　2　イ　　3　あ. 光り方　い. 現れる場所
4　(Ⅳ)　5　カワニナなどが生息できる　　6　ウ

四　1　イ　　2　御ひちりきの音
3　③：おさえがたく　④：いうよう
4　エ　　5　エ

五　1　おっしゃっていました　　2　ア　　3　ウ
4　(例)右の文章

資料を見ると、「推し」という言葉を使うことがある人の割合は、年齢が上がるに従って低くなっていることがわかる。
　私は、資料の結果から、「推し」を会話で使う場合には、注意が必要だと感じた。相手によっては、使い方に違和感を持たれる可能性があるということを理解していなければならない。特に年代が上の方々とお話しするときには、伝えたいことが正確に伝わるように、言葉の使い方には気を付けたいと思う。

解説

二
1　「育てる」に「ない」を付けると、直前の音がエ段になるので、下一段活用。
2　尽力＝(人のために)力を尽くすこと。
3　本文三、四行目　　　4　本文最後から五、六行目
5　脈々《みゃくみゃく》＝絶えないで長く続く様子。　淡々《たんたん》＝物事にこだわらない様子。
堂々《どうどう》＝重みがあって立派な様子。　深々《ふかぶか》＝いかにも深く感じられる様子。

三
1　用言(動詞・形容詞・形容動詞)を修飾するのは副詞。「まるで・・・のように見える」動詞を修飾している。
3　二段落目（本文十行目から）に書かれている。
5　本文最後から八～九行目。　　6　四段落目に書かれている。

四　(意訳)
　三位の博雅の家に盗人が入った。三位は板敷の下に逃げ隠れていた。盗人が帰り、その後、板敷の下からはい出て家の中を見ると、残っている物はなく、(盗人は）すべてとっていってしまっていた。ひちりき一つを棚に残していったのを、三位がとってお吹きになったところ、逃げ去っていた盗人がはるか遠くで笛の音を聞いて、感動を抑えきれなくなって帰ってきて言うことには、「ただ今の（あなたがお吹きになった）ひちりきの音をお聞かせいただきましたところ、しみじみと心打たれるほど尊くございまして、悪心がすっかり改まりました。盗んだ品物をすべてお返し申し上げましょう」と言って、すべて置いて出ていってしまった。昔の盗人は、またこのように優美な心も持ちあわせていたのだ。

五
2　「掲載」,「道路」は似た意味の漢字の組み合わせ　　「未来」は前の語が後ろの語を打ち消す
「加熱」は後の字が前の字の目的語になっている　　「緩急」は反対の意味の漢字の組み合わせ

解答例　国語－2

一　1　㋐ うたが　㋑ 確信　㋒ 就職　　2　ウ
3　ⓐ ア　ⓑ ク　　4　イ　　5　イ　　6　エ

二　1　㋐ みずか　㋑ そんちょう　㋒ 普及
2　i：本能　ii：行動を選択する自由
3　ウ　　4　ⓐ　　5　ア　　6　エ

三　1　ア　　2　右に記載

四　1　三句切れ　　2　体言止め

五　1　(1)はず　　(2)きねん　　(3)演奏　　(4)砂糖
2　ア　　3　エ

六　1（例）右の文章

朝来入㆓庭樹㆒

資料から、インターネットをいち早く知るための情報源としている人の割合が大きく増えたことがわかる。インターネットは誰もが情報発信ができ、リアルタイムで世の中の動きを知ることができる。しかし、信頼できる情報源として、インターネットを利用している人の割合はまだ少ない。インターネット上には膨大な量の情報があるため、情報リテラシーを身につけて、必要な情報を上手に選択していかなければならないと思う。

解説

一　2　眉間にしわを寄せる…不機嫌そうな表情をするさま。　本文八、九行目からも読み取れる。
3　ⓐ：とりとめ…まとまり、しまり　　ⓑ：神妙…態度がおとなしく、素直なこと
4　傍線部②、イは「どうやら」を付け加えても意味が通じるので、推定の助動詞
ア、エは「かわいらしい」「すばらしい」で一語
ウは「いかにも」を付け加えても意味が変わらないので、名詞などについて形容詞をつくる
5　まじまじと…視線をそらさず注視している様子

二　2　i：本文十行目　ii：本文八行目
4　「ない」を「ぬ」に言いかえられるかで判断する。
ア　「ではない」→「ではぬ」×　（形容詞）　イ　「ならない」→「ならぬ」○　（助動詞）
ウ　「着かない」→「着かぬ」○　（助動詞）　エ　「かもしれない」→「かもしれぬ」○　（助動詞）
5　「自分を着飾ること」を意味しているので、アが正解。
6　本文の後ろから四～五行目

三　（意訳）
どこからか秋風が吹いてきた。風がもの寂しげに雁の群れを追い立てている。朝になると風は庭木を吹き抜けたのを、一人寂しい旅人（筆者）が最初に聞いた。
1　一句が五字で四行からなる漢詩なので、五言絶句。

四　1　「けり」が助動詞の終止形になっており、意味や調子の切れ目になっている。
2　「秋の夕暮れ」と体言で終わっている。

五　2　行書で書かれた漢字は「祝」で，九画　　イは十画　ウは八画　エは十二画
3　父と／母は／買い物に／行って／います　（五文節）
ア、この／問題は／難しく／ない　（四文節）
イ、日陰の／涼しい／ところで／過ごす　（四文節）
ウ、山本さんは／ピアノを／弾くのが／得意だ　（四文節）
エ、彼は／にこやかな／表情で／話して／いる　（五文節）